Nowe *alaantkowe* BLW

Dzięki naszym dzieciom i dla nich,
kochamy Was.

Joanna Anger • Anna Piszczek

Warszawa

Joanna Anger, Anna Piszczek / AlaAntkoweBLW.pl
Nowe AlaAntkowe BLW

Redakcja:
Kamila Wrzesińska
Korekta:
Anna Dudało

Zdjęcia w książce i na okładce:
Łukasz Walaszczyk, Michał Różalski /
WarsztatKadru.pl

Projekt graficzny:
Ewelina Malinowska

Druk:
Zapolex sp. z o.o.

ISBN 978-83-65796-25-7

Wydawnictwo Mamania
Grupa Wydawnicza Relacja sp. z o.o.
ul. Słowicza 27a
02-170 Warszawa

SPIS TREŚCI

DESERY I PODWIECZORKI 105

KOLACJE 143

NAPOJE 173

JADŁOSPIS 185

INDEKS 191

WSTĘP

To znowu my. Wasze AlaAntkowe mamy – Asia i Ania.

Gotujemy z Wami już 3 lata i nadal nam się bardzo chce. Przez ten czas w sferze odżywiania dzieci wiele się zmieniło. Ku naszej wielkiej radości – na lepsze. BLW szturmem wtargnęło do polskich domów i chwyciło za serce rodziców, dzięki czemu polskie niemowlaki jedzą, jak lubią, i to, co lubią. My wiemy i widzimy, że to jeszcze nie jest pełny sukces, ale jednak szczęście. Dlatego też przybywamy z nową książką. Tak sobie nieskromnie myślimy, że spełniamy nią nie tylko swoje, ale i Wasze marzenia o zdrowej kuchni w Polsce i właściwym sposobie odżywiania dzieci. Bo *Baby-led Weaning* to przecież nie tylko rozszerzanie diety dziecku, ale również niejednokrotnie zmiany żywieniowe w życiu dorosłych.

Nie wiemy, w jakim wieku są aktualnie Wasze dzieci, ale myślimy sobie, że to nie ma znaczenia. Nasze potrawy są dla całej rodziny. Począwszy od niemowlaka, a skończywszy na dorosłych. Chcemy Wam pokazać, że zdrowe odżywianie rodziny nie musi kosztować majątku, nie jest pracochłonne, a już na pewno nie traci smaku. Jedyne, czego wymaga, to chęci i otwartości na niewielkie zmiany. A podstawy naszego sposobu odżywiania? Jemy to samo, razem i nikogo do jedzenia nie zmuszamy. I tyle!

Każdego dnia otrzymujemy od Was wiele pytań, spotykamy się z Wami na warsztatach, prowadzimy wiele rozmów. Dlatego ta książka nieco się różni od poprzedniej. Trzon nadal jest ten sam. Będzie smacznie, różnorodnie, szybko i przede wszystkim zdrowo. Co się zmieniło? Pomysły na potrawy, rzecz jasna. Trochę inne są rozdziały, inne oznakowania i Wasze wymarzone jadłospisy. Tak, zawsze wsłuchujemy się w Wasze potrzeby i próbujemy wychodzić im naprzeciw.

Całość książki podzielona jest na rozdziały, w których znajdują się przepisy dostosowane do pory dnia. Znajdziecie w nich śniadania, zupy, drugie dania, desery, kolacje, propozycje napojów i jadłospisy. Wszystkie przepisy są otagowane, by można było znaleźć potrawę adekwatną do własnych potrzeb.

W książce znajdziecie piękne zdjęcia, które w pełni oddają autentyczne danie. Zresztą – sami się przekonajcie. Zapraszamy do wspólnego AlaAntkowego gotowania, ale… Zanim zerkniecie w przepisy, MUSICIE przeczytać następnych kilka stron. Tam zawarłyśmy to, o co zapewne zechcecie jeszcze zapytać podczas gotowania z książką. Zaglądajcie do tych tekstów podczas przygotowywania jedzenia z naszymi przepisami i szukając odpowiedzi na różne pytania związane z rozszerzaniem diety dziecku.

ROZSZERZANIE DIETY

Nasza książka inspirowana jest metodą *Baby-led Weaning*, a dania, które proponujemy, pasują do małych rączek. Taki sposób poznawania jedzenia przez dziecko jest w pełni naturalny i pozwala mu na rozwój. Jednak jeśli wolisz karmić swoje dzieci łyżeczką, nasze przepisy są również dla Waszej rodziny.

Rozszerzanie diety to jedynie kolejny etap w rozwoju dziecka. Chcemy to zaznaczyć, by ostudzić Twoje nerwy i pozwolić Ci myśleć o tym procesie bardziej naturalnie. Aby to sobie ułatwić, zapoznaj się ze skrótowymi informacjami na ten temat. Po szczegółowe informacje i pozostałe nasze przepisy odsyłamy do pierwszej części „AlaAntkowego BLW" oraz do książki Gill Rapley i Tracey Murkett „Bobas Lubi Wybór".

Na czym polega BLW (*Baby-led Weaning*)? Dziecko SAMO steruje procesem rozszerzania swojej diety, decydując, jak długo będzie trwało odstawianie od mleka i jak będzie wyglądało. Głównym założeniem metody jest zaufanie dziecku. Rodzic proponuje zdrowe danie, a dziecko decyduje, ile zje. Nauka samodzielnego jedzenia sprzyja poznawaniu faktur, prawdziwych konsystencji pokarmów (brokuł wygląda i smakuje jak brokuł, a nie jak zielona papka). Pozwala ona w sposób całkowicie kontrolowany przez dziecko ograniczyć (stopniowo) mleko na rzecz pokarmów stałych.

KIEDY ZACZĄĆ?

Według Światowej Organizacji Zdrowia (WHO) do 6. miesiąca życia dziecko powinno być karmione wyłącznie mlekiem matki. Rozszerzanie diety możesz zacząć, kiedy dziecko:

- skończyło 6 miesięcy lub jest nieco starsze,
- kontroluje ruchy głowy i szyi, siedzi stabilnie samo lub z podparciem,
- nie wypycha językiem przedmiotów z buzi,
- celnie trafia rączką z jedzeniem lub przedmiotem do swojej buzi,
- interesuje się jedzeniem.

JAK ZACZĄĆ?

1. Posadź dziecko na swoich kolanach lub w krzesełku.
2. Zaproponuj coś ze swojego talerza (pamiętając, by było to odpowiednie dla malca – patrz kolejna tabelka).
3. Pozwól cieszyć się nowym doświadczeniem (gryzieniem, lizaniem, rzucaniem).
4. Nie namawiaj dziecka do jedzenia.

OD CZEGO ZACZĄĆ?

W pierwszych dniach podawaj TYLKO pojedyncze produkty i tylko te delikatne, gotowane, czyli same warzywa, same owoce, gotowane kasze. Później dodawaj mięso, jaja i inne produkty. Zajrzyj do przepisów oznaczonych jako „dobre na początek" lub do naszej pierwszej książki, do rozdziału „Chcę tego spróbować!".

Kiedy proponować dziecku jedzenie? Za każdym razem, kiedy wspólnie siadacie do stołu. To dziecko zdecyduje, ile porcji dziennie zje. To ono najlepiej kontroluje potrzeby swojego organizmu. Proponuj, ale wybór pozostaw dziecku.

CO PODAĆ?

- mleko mamy lub mleko modyfikowane na żądanie i woda do każdego posiłku
- warzywa i owoce *(najlepiej sezonowe, w całości lub kawałkach)*
- mięso *(każdy rodzaj, najlepiej świeże, ok. 2 razy w tygodniu)*
- kasze, kaszki, płatki zbożowe *(gotowane na wodzie lub na mleku)*
- makarony, pieczywo
- nabiał *(z jak najkrótszym składem)*
- tłuszcze roślinne *(2–3 kropelki wybranego oleju urozmaicą smak np. kaszy)*
- jajka
- zmielone orzechy i pestki
- mleko krowie *(po 6. mies. jako składnik dania, a po 12. mies. do picia)*

CZEGO NIE PODAWAĆ?

- cukier
- sól
- surowe mięso i jaja
- miód *(po 12. mies.)*
- grzyby leśne *(pieczarki po 12. mies.)*
- soki *(małe ilości po 12. mies.)*
- potrawy smażone w głębokim tłuszczu
- podroby
- żywność wysoko przetworzona
- bardzo słone produkty *(wędliny sklepowe, kiszonki, oliwki, feta – te produkty lepiej podawać w małych ilościach po 12. mies.)*
- orzechy w całości

WYJAŚNIENIA TAGÓW

NA WYNOS

Potrawy, które możesz zabrać do śniadaniówki, na piknik, w podróż. Są zazwyczaj niebrudzące, smakują zarówno na ciepło, jak i na zimno. Pozostają długo świeże.

BEZ GLUTENU

Dania odpowiednie dla osób, które UNIKAJĄ GLUTENU w diecie. W przepisach, w których użyto niewielkich ilości mąk glutenowych, możesz zastąpić je na przykład bezglutenową mąką jaglaną lub kukurydzianą. Do dań z makaronami wybierz makaron bezglutenowy.

DOBRE NA POCZĄTEK

Te dania możesz podać maluszkowi, gdy ma już za sobą pierwsze próby jedzenia warzyw, owoców, kasz. Są one delikatne, zawierają mało składników i doskonale nadają się w pierwszych tygodniach rozszerzania diety.

BEZ JAJKA

W danym przepisie nie użyłyśmy jajek. Jeśli chcesz wykorzystać przepis z jajkami, możesz spróbować użyć zamienników (znajdziesz je w naszej pierwszej książce na s. 14).

BEZ NABIAŁU

W przepisie nie zostały użyte PRZETWORY MLECZNE (np. masło, jogurt, twaróg). „Mleko" w przepisie nie zostało oznaczone jako nabiał, ponieważ w każdym z naszych przepisów możesz zamiennie użyć mleka roślinnego.

EKSPRESOWE

To dania, których przygotowanie zajmie niewiele czasu.

WEGETARIAŃSKIE

Bez mięsa i żadnych jego przetworów.

JAK CZYTAĆ KAŻDY PRZEPIS?

DLACZEGO NIE MA PODZIAŁU NA WIEK?

Bo jest on zbędny. Niewiele jest produktów, których nie możesz podać dziecku na początku rozszerzania diety (ramka, s. 7). Jedzcie wspólnie posiłki ze zdrowych i pełnowartościowych składników. W tagach znajdziesz dodatkowe informacje.

Wiek dziecka?

Nowe Alaantkowe BLW

TYTUŁ

Gotowanie to eksperymentowanie. Nie bój się bawić przepisami. Zmieniaj składniki, urozmaicaj je, wymieniaj na swoje ulubione. Ta książka ma być także Twoja!

NAZWA PRZEPISU

TAGI:

Pomogą Ci sprawnie poruszać się po szczegółach przepisów. Dzięki nim wybierzesz potrawę adekwatnie do potrzeb dziecka i swojej rodziny.

Liczba porcji:

Zanim zaczniesz:

Składniki:

Wykonanie:

37

Przydatne uwagi:

ZANIM ZACZNIESZ:

Przygotuj niezbędny sprzęt i przybory. Ułatwisz sobie pracę.

Nie zapomnij o higienie podczas przygotowywania posiłków. Myj dokładnie ręce oraz produkty. Nie krój mięsa, warzyw i owoców na tej samej desce.

LICZBA PORCJI/SZTUK:

Porcje określają liczbę osób, dla których jest dany przepis, lub liczbę sztuk danej potrawy.

SKŁADNIKI:

Szklanka = 250 ml

Używaj sezonowych warzyw i owoców. Jeśli chcesz sięgnąć po przepis poza sezonem – skorzystaj z mrożonek.

Mleko krowie możesz wymienić na dowolne roślinne, np. migdałowe lub owsiane.

Świeże zioła możesz zastąpić suszonymi, jednak polecamy te pierwsze, jeśli są dodane w przepisie.

Płynnych słodziw możesz używać zamiennie: miód, syrop klonowy czy syrop daktylowy (przepis na syrop daktylowy znajdziesz w pierwszej książce na s. 202).

WYKONANIE:

Jeśli podczas przygotowywania dania mącznego ciasto lepi się do stolnicy lub do rąk, podsyp je mąką lub dodaj jej odrobinę do ciasta.

Czasem wielkość jajka sprawia różnicę w konsystencji.

Pisząc: „usmaż", mamy na myśli zawsze smażenie na niewielkiej ilości oleju rzepakowego lub kokosowego. Możesz również smażyć na smalcu czy maśle klarowanym.

Pamiętaj, że każdy piekarnik jest inny. Jeśli w przepisie czas pieczenia wynosi np. 20 minut, kontroluj go podczas pieczenia, ale nie poprzez otwieranie piekarnika. Zajrzyj przez szybkę.

PRZYDATNE UWAGI:

Znajdziesz tu informacje, które ułatwią Ci pracę, mogą zmodyfikować danie lub urozmaicić jej smak. Pojawią się też możliwości podkreślenia smaku potrawy dla dorosłych.

OPCJONALNIE:

Składnik dodany jako „opcjonalny" nie wpływa znacząco na jakość i smak potrawy. Decyzję o jego użyciu pozostawiamy Tobie.

Na przykład mąkę glutenową możesz wymienić na bezglutenową (np. kukurydzianą, kokosową czy gryczaną).

Rozdział I

Śniadania

DOBRZE ZACZĄĆ DZIEŃ

Śniadanie to trudny organizacyjnie posiłek. Rodzic niewyspany, dziecko z naładowanymi bateriami. Dorosły w popłochu uwija się, żeby zdążyć do pracy, dziecko na wszystko ma czas, wypełniając go problemami „wielkiej wagi". Jak w tych warunkach przygotować posiłek? Spieszymy z pomocą. W tym rozdziale znajdziecie pełnowartościowe śniadania, bo są one fundamentem dnia. Powinny być najważniejszym i najbogatszym posiłkiem. To na nich zbudujecie dzień dziecku i sobie. Jeśli jest zima, zwróćcie uwagę na to, by śniadanie było ciepłe, a latem wzbogaćcie je sezonowymi owocami. Nie jedzcie w pośpiechu. Mimo że rano każda sekunda jest cenna, to jednak wygospodarujcie na tę czynność tyle czasu, by nie ponaglać dziecka i samemu się nie spieszyć. Nawet najbardziej wartościowe śniadanie traci na wartości, kiedy jest jedzone w biegu. To co? Zaczynamy dzień?

BANANOWE PLACUSZKI Z NASIONAMI CHIA

Liczba sztuk: 12

Zanim zaczniesz:

Mleko wlej do miseczki, wsyp nasiona chia i dokładnie wymieszaj. Odstaw na noc do lodówki lub na minimum 8 godzin, by nasiona napęczniały.
Przygotuj dużą patelnię i miskę.

Wykonanie:

- Banana obierz ze skóry, rozgnieć widelcem na papkę i przełóż do miski. Dodaj rozbełtane jajko, syrop oraz namoczone w mleku nasiona chia. Dokładnie wymieszaj całość.
- Dodaj mąkę i wymieszaj ponownie. Ciasto powinno być gęste, ale też łatwo spływające z łyżki.
- Na patelni rozgrzej niewielką ilość oleju kokosowego. Łyżką nakładaj porcję ciasta, tworząc placuszek.
- Smaż na średnim ogniu z dwóch stron, często przewracając, ok. 2 minut z każdej strony.

Składniki:

2 łyżki nasion chia
⅔ szklanki mleka
1 banan
1 jajko
¾ szklanki mąki orkiszowej lub pszennej
1 łyżeczka syropu daktylowego lub klonowego
olej kokosowy do smażenia

Przydatne uwagi:

Zamiast banana możesz użyć gruszki, brzoskwini lub puree z dyni (przepis na puree znajdziesz w naszej pierwszej książce na s. 203). Nasiona chia namoczone w mleku mogą być też bazą do pysznego śniadaniowego puddingu. Wystarczy dodać do nich sezonowe owoce, pokruszone orzechy i ekspandowany amarantus.

DOMOWE CRUNCHY

Zanim zaczniesz:

Nastaw piekarnik na 140°C bez termoobiegu.
Wyłóż dużą blachę z piekarnika papierem do pieczenia.
Przygotuj dużą miskę.

Wykonanie:

- Pestki dyni, słonecznik, orzechy i migdały zblenduj na proszek. Przełóż do miski. Dodaj do nich posiekane suszone owoce, płatki owsiane, sezam, miód, mleko, cynamon, sok i wymieszaj wszystko rękoma tak, by składniki zostały oblepione miodem i mlekiem.
- Przełóż powstałą masę na blaszkę i rozsyp po całej powierzchni. Piecz 30 minut na środkowym poziomie piekarnika, kontrolując stopień zrumienienia. W połowie czasu pieczenia przemieszaj.
- Po upieczeniu ostudź i przełóż do szczelnego pojemnika.

Składniki:

1 ½ szklanki płatków owsianych
2 łyżki łuskanego słonecznika
2 łyżki pestek dyni
1 łyżka sezamu
4 łyżki dowolnych orzechów
1 łyżka płatków migdałowych
1 łyżka suszonej żurawiny
1 łyżka rodzynek
3 łyżki miodu
1 łyżka mleka
1 łyżeczka cynamonu

opcjonalnie:

sok z ½ pomarańczy

Przydatne uwagi:

Jeśli masa będzie zbyt sucha przed upieczeniem, dodaj łyżeczkę miodu. Crunchy doskonale nadaje się jako dodatek do jogurtu naturalnego lub mleka. Jeśli podasz je z owocami, będzie smacznym pomysłem na śniadanie. Możesz je zabrać również jako przekąskę do chrupania na wynos.

PLACKI JOGURTOWE

Liczba sztuk: 14

Zanim zaczniesz:

Truskawki pozbaw szypułek i pokrój w kostkę lub plasterki. Mąkę przesiej przez sito. Przygotuj dużą patelnię.

Wykonanie:

- Do miski wlej jogurt, dodaj rozbełtane jajko i syrop klonowy, a następnie wymieszaj.
- Dodaj mąkę, proszek do pieczenia i ponownie wymieszaj łyżką lub mikserem na gładką masę. Wsyp pokrojone truskawki i delikatnie wymieszaj łyżką.
- Na patelni (każdorazowo przed kolejną porcją placków) rozgrzej jedną łyżkę oleju kokosowego. Na dobrze rozgrzany olej nakładaj łyżką porcje ciasta i smaż małe placki z obu stron po 2–3 minuty. Przewracaj delikatnie szpatułką, dopiero gdy placki dobrze się zrumienią.

Składniki:

360 g jogurtu naturalnego
1 szklanka mąki orkiszowej
1 jajko
2 łyżki syropu klonowego
½ łyżeczki proszku do pieczenia
8 małych truskawek
olej kokosowy do smażenia

Przydatne uwagi:

Truskawki możesz zastąpić innymi owocami, np. malinami, borówkami czy brzoskwiniami.

DYNIOWE PANKEJKI

Liczba sztuk: 20

Zanim zaczniesz:

Przygotuj dużą patelnię i wysoką miskę.

Wykonanie:

- Do miski wlej maślankę, dodaj puree z dyni i rozbełtane jajko. Wymieszaj.
- Dodaj mąkę, cynamon, proszek do pieczenia, esencję waniliową i syrop daktylowy lub miód. Ponownie wymieszaj. Ciasto powinno być gęste, ale też łatwo spływać z łyżki.
- Na patelni rozgrzej niewielką ilość oleju. Chochelką nalewaj porcję ciasta, tworząc mały, gruby naleśnik.
- Smaż na średnim ogniu z dwóch stron, tylko do zrumienienia.
- Podawaj na ciepło, polane syropem daktylowym lub klonowym.

Składniki:

¾ szklanki odsączonego z wody puree z dyni
¾ szklanki maślanki
1 jajko
¾ szklanki mąki orkiszowej lub pszennej
1 płaska łyżeczka cynamonu
1 płaska łyżeczka proszku do pieczenia
1 łyżeczka syropu daktylowego lub miodu
olej kokosowy do smażenia

opcjonalnie:

4 krople esencji waniliowej

Przydatne uwagi:

Dyniowe pankejki możesz również podać z dodatkiem świeżych owoców. Nie odchodź od patelni, te placuszki naprawdę szybko się smażą. Puree z dyni to nic innego jak ugotowana bez skóry dynia, rozgnieciona i odsączona z nadmiaru wody. Jak przygotować puree z dyni, możesz sprawdzić również w pierwszej książce na s. 203.

PASTA Z CIECIERZYCY

Zanim zaczniesz:

Ciecierzycę namocz w dwóch szklankach wody przez 24 godziny, a następnie odsącz. Zalej dwiema szklankami świeżej wody, dodaj listek laurowy, ziele angielskie i gotuj pod przykryciem na małym ogniu przez godzinę. Odcedź.

Wykonanie:

- Ugotowaną ciecierzycę przesyp do wysokiego naczynia. Dodaj suszone pomidory, oliwę, słodką paprykę i zblenduj na gładki krem.
- Dodaj sok z cytryny i ponownie zblenduj. Przełóż do szklanego słoiczka.

Składniki:

½ szklanki ciecierzycy
4 szklanki wody
1 listek laurowy
1 ziele angielskie
4 pomidory suszone
5 łyżek oliwy
½ łyżeczki słodkiej papryki w proszku
sok z ½ cytryny

Przydatne uwagi:

Możesz kupić ugotowaną już ciecierzycę – w ten sposób zaoszczędzisz nieco czasu.
Jeśli masz pomidory suszone w zalewie z oleju, np. słonecznikowego – możesz go użyć zamiast oliwy.
Pastę przechowuj w lodówce do 3 dni.
Pastę możesz doprawić do smaku czosnkiem.

EKSPRESOWE BUŁECZKI ŚNIADANIOWE

Liczba sztuk: 6

Zanim zaczniesz:

Nastaw piekarnik na 200°C z termoobiegiem.
Wyłóż blachę papierem do pieczenia.

Wykonanie:

- Wszystkie składniki na ciasto przełóż do dużej miski i wyrób rękoma.
- Do ciasta dodaj wybrane składniki dla wersji słodkiej lub wytrawnej i jeszcze chwilę wyrabiaj. Możesz podzielić ciasto na pół i zrobić obie wersje.
- Odrywaj po kawałku ciasta, formuj kształt bułeczki i układaj w niewielkich odstępach na blaszce. Posmaruj bułeczki mlekiem. Piecz ok. 15–20 minut na środkowym poziomie piekarnika. Kontroluj stopień zrumienienia.

Przydatne uwagi:

Jeśli ciasto będzie przywierać do rąk, podsyp je mąką.
Po posmarowaniu mlekiem możesz posypać bułeczki dowolną posypką, np. amarantusem ekspandowanym, czarnuszką, płatkami owsianymi.
Wersję wytrawną dla dorosłych możesz dosolić i doprawić szczyptą ostrej papryki.

Składniki:

1½ szklanki mąki pszennej
1½ łyżeczki proszku do pieczenia
50 g masła w temperaturze pokojowej
½ szklanki mleka w temperaturze pokojowej

Dodatki do wersji słodkiej:

1½ łyżki rodzynek
1 laska wanilii
1 łyżka cukru kokosowego lub syropu daktylowego
mleko do posmarowania

Dodatki do wersji wytrawnej:

2 łyżki tartego sera żółtego
1 łyżka suszonego oregano
2 ząbki czosnku przeciśniętego przez praskę

MASŁO ORZECHOWO--MIGDAŁOWE

Zanim zaczniesz:

Migdały namocz przez całą noc w zimnej wodzie (w gorącej tracą wartości odżywcze) i obierz ze skórki. Przygotuj blender.

Składniki:

200 g nerkowców
3 łyżki migdałów
2 łyżeczki miodu
2 łyżeczki oleju kokosowego

Wykonanie:

- Przełóż nerkowce i migdały do misy blendera i rozdrabniaj do momentu, aż zaczną wydzielać olej. Przerwij na chwilę, by wlać olej i miód, a nastepnie blenduj dalej ok. 5–7 minut, aż do uzyskania jednolitego kremu. Jeśli orzechy zbierają się na ściankach, przerwij, zbierz je i blenduj dalej.
- Przełóż masło do słoika i przechowuj je w lodówce maksymalnie przez miesiąc.

Przydatne uwagi:

Masło idealnie sprawdza się do kanapek, ale również jako dodatek do wielu potraw, np. placków, naleśników, ciast. Wersję dla dorosłych możesz doprawić odrobiną soli.

DOMOWY SEREK HOMOGENIZOWANY

Liczba porcji: 1

Zanim zaczniesz:

Przygotuj blender i miskę.

Wykonanie:

- Twaróg i jogurt przełóż do miski i blenduj na jednolitą masę ok. 3 minut, aż wszystkie grudki znikną.
- Laskę wanilii rozetnij, zeskrob ziarenka i przełóż je do serka.
- Dodaj słodziwo i wymieszaj całość. Przechowuj w lodówce maksymalnie 2 dni.

Składniki:

125 g twarogu półtłustego
5 łyżek jogurtu naturalnego
½ laski wanilii
1 łyżka cukru kokosowego lub miodu

Przydatne uwagi:

Serek homogenizowany dobrze smakuje sam, ale nadaje się też jako nadzienie do naleśników. Możesz również dodać sezonowe owoce, np. truskawki czy jagody, by urozmaicić jego smak.

JAGLANKA NA PRZEZIĘBIENIE

Liczba porcji: 2

Zanim zaczniesz:

Przygotuj mały garnek. Kaszę przesyp na suchą, rozgrzaną patelnię i praż, potrząsając patelnią, do momentu, aż poczujesz charakterystyczny orzechowy zapach. Zdejmij patelnię z palnika, wypłucz kaszę w gorącej wodzie. Przygotuj blender.

Wykonanie:

- Do garnka wlej wodę i mleko. Wyjmij ziarenka z laski wanilii i przełóż je wraz z pustą laską do garnka. Zagotuj płyn i dodaj do niego kaszę. Gotuj pod przykryciem ok. 18 minut, aż wchłonie cały płyn. Nie podnoś pokrywki w trakcie gotowania.
- Po ugotowaniu kaszy wyjmij laskę wanilii.
- Ostudź lekko kaszę. Dodaj do niej olej, masło orzechowe, miód i kardamon. Zblenduj całość.

Składniki:

½ szklanki wody
½ szklanki mleka
3 łyżki kaszy jaglanej
1 łyżeczka oleju kokosowego
1 łyżeczka masła orzechowego
½ laski wanilii
1 łyżeczka miodu
szczypta kardamonu

Przydatne uwagi:

Nie musisz kaszy blendować. Polecamy to, gdy dokucza ból gardła i są problemy z przełykaniem.
Jeśli przygotowujesz potrawę dla dziecka w wieku poniżej roku, zamień miód na połowę rozgniecionego banana.

PASTA MARCHEWKOWA

Liczba porcji: 4

Zanim zaczniesz:

Marchewki w łupinie ugotuj w niewielkiej ilości wody do miękkości (pod przykryciem), a następnie ostudź i obierz.

Wykonanie:

- Słonecznik upraż na suchej patelni, aż się zrumieni. Marchewkę pokrój w talarki.
- Do blendera włóż pokrojone marchewki, słonecznik, dodaj olej i zblenduj na gładką pastę.
- Posmaruj pastą pieczywo i posyp odrobiną czarnuszki.

Składniki:

2 marchewki
1 łyżka oleju lnianego (lub innego zimnotłoczonego)
1 łyżka łuskanego słonecznika

opcjonalnie:

⅓ łyżeczki czarnuszki

Przydatne uwagi:

Pastę przechowuj w lodówce nie dłużej niż jeden dzień. Ciepłą pastę możesz wykorzystać jako pesto do makaronu.
Wersję dla dorosłych możesz doprawić solą do smaku.

SEREK TOPIONY

Zanim zaczniesz:

Przygotuj blender i garnek.

Wykonanie:

- Pokruszony twaróg zblenduj z sodą i przełóż do garnka.
- Dodaj żółtko, wymieszaj i podgrzewaj na małym ogniu, ciągle mieszając, do momentu, aż ser się roztopi i zrobi się ciągnący.
- Przełóż gotowy serek do słoika i przechowuj w lodówce.

Składniki:

250 g twarogu tłustego lub półtłustego
1 żółtko
½ łyżeczki sody

Przydatne uwagi:

Pamiętaj, by podczas podgrzewania sera mieszać go regularnie.
Do gotowego serka możesz dodać dowolne składniki, np. przeciśnięty przez praskę czosnek, drobno pokrojony szczypiorek lub szynkę.
Najlepszy serek topiony wychodzi z twarogu tłustego.
Wersję dla dorosłych możesz doprawić ostrą papryką i solą.

ZIMOWA JAGLANKA

Liczba porcji: 2

Zanim zaczniesz:

Wypłucz kaszę w gorącej wodzie. Obierz owoce. Przygotuj mały garnek.

Wykonanie:

- Do garnka wlej wodę i mleko. Z laski wanilii wyjmij ziarenka i dodaj je wraz z pustą laską do garnka. Zagotuj jego zawartość i wsyp kaszę.
- Przykryj garnek i gotuj kaszę na najmniejszym ogniu przez ok. 18 minut do momentu, aż wchłonie cały płyn. Wyjmij pustą laskę wanilii.
- Do lekko przestudzonej kaszy wlej sok wyciśnięty z mandarynek lub pomarańczy. Rozgnieć banana widelcem, zetrzyj imbir na tarce i dodaj wraz z cynamonem do kaszy. Wymieszaj wszystko. Osłódź miodem.

Składniki:

¼ szklanki kaszy jaglanej
½ szklanki mleka
½ szklanki wody
½ laski wanilii
2 mandarynki lub 1 pomarańcza
½ banana
1 łyżeczka miodu
1 cm imbiru
szczypta cynamonu

Przydatne uwagi:

Aby kaszę osłodzić miodem, należy ją uprzednio ostudzić. Miód w wysokich temperaturach traci swoje cenne wartości. Jeśli przygotowujesz potrawę dziecku poniżej roku – pomiń miód.
Do osłodzenia możesz użyć banana lub syropu daktylowego.

TKA

ały garnek z pokrywką.
gorącej wodzie 5 minut, a następnie
posiekaj.

do garnka i zagotuj. Komosę wypłucz
dą, wsyp do garnka.
d przykryciem na bardzo małym ogniu
minut, nie podnosząc pokrywki,
e przełóż do miseczki.
z i zetrzyj na dużych oczkach. Przełóż
komosie i duś pod przykryciem,
k. 3 minut).
osę z jabłkiem, rodzynkami
syp pokruszonymi płatkami

rażyć na suchej patelni.
miodem.

Składniki:

½ szklanki komosy
¾ szklanki wody
1 jabłko
1 łyżka rodzynek
½ łyżeczki cynamonu

opcjonalnie:

1 łyżka płatków migdałowych

OMLET Z AWOKADO

Liczba porcji: 2

Zanim zaczniesz:

Przygotuj małą patelnię.

Wykonanie:

- Wbij jajka do kubka, dodaj szczyptę pieprzu i rozbełtaj całość widelcem, tak by powstała jednolita masa.
- Awokado obierz ze skórki i pokrój w małą kostkę.
- Na małej patelni rozgrzej masło (uważaj, by się nie przypaliło) i wlej masę jajeczną. Dodaj kawałki awokado.
- Smaż na małym ogniu, aż masa zetnie się od spodu, a następnie odwróć omlet na drugą stronę (lub złóż na pół) i smaż jeszcze przez kilkanaście sekund.
- Gotowy omlet posyp posiekanym szczypiorkiem. Podawaj na ciepło z ulubionym pieczywem.

Składniki:

2 jajka
½ dojrzałeg
1 łyżeczka m
szczypta piep

opcjonalnie:

2 łodyżki szczy

Przydatne uwagi:

Zanim podasz dziecku omlet, upewnij się, że białko się ścięło.
Omlet możesz przełożyć na drugą stronę przy pomocy talerza. P
patelnię talerzem i odwróć ją, a następnie zsuń omlet z powrotem n
Maluszkom omlet możesz pokroić w grube paski.
Wersję dla dorosłych możesz doprawić solą.

OMLET ORZECHOWY

Liczba porcji: 3

Zanim zaczniesz:

Przygotuj dużą patelnię, średniej wielkości miskę i trzepaczkę.

Wykonanie:

- Wbij jajka do miski i rozbełtaj trzepaczką. Rozgnieć banana widelcem i przełóż do jajek. Dodaj również orzechy, mąkę, jogurt i wymieszaj wszystko trzepaczką, by składniki się połączyły.
- Rozgrzej patelnię z odrobiną oleju i wylej na nią masę jajeczną. Smaż omlet z obu stron do zrumienienia.

Składniki:

4 jajka
2 łyżki mielonych orzechów włoskich
2 łyżki mąki pszennej
1 łyżka jogurtu naturalnego
1 banan
olej kokosowy do smażenia

Przydatne uwagi:

Omlet możesz przełożyć na drugą stronę przy pomocy talerza. Przykryj patelnię talerzem i odwróć ją, a następnie zsuń omlet z powrotem na patelnię. Możesz użyć innych orzechów, np. ziemnych bez soli.

JAJECZNICA Z TRZEMA SERAMI

Liczba porcji: 2

Składniki:

3 jajka
1 łyżka startej goudy
1 łyżka startej mozzarelli
1 łyżka pokruszonego twarogu półtłustego
1 łyżka masła

Zanim zaczniesz:

Przygotuj średnią patelnię.

Wykonanie:

- W misce wymieszaj sery. Dodaj jajka i ponownie wymieszaj.
- Roztop masło na patelni. Przelej na nią masę jajeczną.
- Mieszaj jajecznicę na średnim ogniu, aż się zetnie, a sery roztopią.

Przydatne uwagi:

Wybieraj sery o jak najkrótszym składzie, które zawierają mleko, sól i kultury bakterii. Unikaj serów żółtych ze szkodliwym azotanem potasu.
Potrawę możesz posypać drobno pokrojonym szczypiorkiem.
W wersji dla dorosłych jajecznicę można doprawić solą i pieprzem.

WŁOSKI TWAROŻEK

Zanim zaczniesz:

Natnij skórkę pomidora i zanurz go we wrzątku na kilkanaście sekund – łatwiej będzie go obrać.

Wykonanie:

- Pomidora obierz ze skóry, przekrój na pół i usuń gniazdo nasienne. Pokrój miąższ w małą kostkę.
- Listki bazylii drobno posiekaj.
- Twaróg i jogurt przełóż do miseczki i dokładnie rozgnieć widelcem, a następnie wymieszaj na gładki krem.
- Dodaj pomidora i bazylię i delikatnie wymieszaj.

Składniki:

100 g twarogu półtłustego
4 łyżki jogurtu naturalnego
1 mały pomidor
5 listków bazylii

Przydatne uwagi:

Twarożek najlepiej smakuje latem z sezonowymi pomidorami.
Przechowuj w lodówce maksymalnie 24 godziny. Sam twaróg z jogurtem możesz przechowywać w lodówce do 2 dni, a dodatki dołożyć tuż przed podaniem.
Wersję dla dorosłych możesz doprawić solą i czarnym pieprzem.

ZUPA ŚNIADANIOWA

Liczba porcji: 2

Zanim zaczniesz:

Suszone owoce drobno posiekaj.

Wykonanie:

- Mleko wlej do garnka i doprowadź do wrzenia. Dodaj płatki i zmniejsz ogień.
- Gotuj na małym ogniu 5 minut, a następnie dodaj suszone owoce i gotuj jeszcze 2–3 minuty. Zdejmij zupę z ognia i przelej do miseczek.

Składniki:

1 szklanka mleka
2 łyżki płatków orkiszowych lub owsianych
1 łyżka suszonej żurawiny lub dwie suszone morele

Przydatne uwagi:

Możesz dodać również inne suszone owoce, np. daktyle, lub zboża ekspandowane – pszenicę lub orkisz.

POLĘDWICA Z PIERSI KURCZAKA

Zanim zaczniesz:

Przygotuj folię spożywczą, sznurek, miskę i duży garnek.

Wykonanie:

- Przygotuj marynatę do mięsa: do miseczki przeciśnij przez praskę czosnek, dodaj przyprawy, olej i wymieszaj.
- Przełóż mięso do miski i natrzyj je marynatą. Odstaw na noc do lodówki.
- Zagotuj wodę w dużym garnku.
- Pierś zroluj ciasno i zawiń dokładnie w folię spożywczą, jak cukierek. Końce zwiąż mocno sznurkiem. Przygotuj tak drugą pierś.
- Przełóż przygotowane mięso do gotującej się wody, przykryj pokrywką, zagotuj wodę ponownie, zmniejsz temperaturę i gotuj mięso ok. 30 minut.
- Wyjmij mięso z wody, przełóż je do wysokiej miski i zalej zimną wodą. Pozostaw do całkowitego ostygnięcia.
- Przechowuj polędwicę w lodówce do 4 dni w folii, w której była gotowana.

Składniki:

2 duże, pojedyncze piersi z kurczaka
3 ząbki czosnku
1 łyżka słodkiej papryki w proszku
½ łyżeczki białego pieprzu
1 łyżka oleju

Przydatne uwagi:

Jeśli trudno jest Ci zrolować mięso, możesz lekko je rozbić. Podobnie możesz przygotować pierś z indyka, wtedy czas gotowania dostosuj do wagi jednej piersi. Gotuj ją tyle czasu, ile waży, np. 300 g – 30 min.
Podczas studzenia mięsa w wodzie możesz ją zmieniać na zimną.
Mięso przeznaczone dla dorosłych możesz doprawić solą i ostrą papryką.

KETCHUP

Zanim zaczniesz:

Przygotuj blender i drobne sito.

Wykonanie:

- Pomidory podziel na ćwiartki. Marchew obierz i pokrój w talarki. Daktyle posiekaj na drobne kawałki. Wsyp wszystkie składniki do garnka, dodaj suszoną bazylię i wodę.
- Gotuj pod przykryciem na średnim ogniu do momentu, aż pomidory całkiem się rozpadną, a marchew zmięknie.
- Zdejmij garnek z ognia, zmiksuj blenderem powstały sos do uzyskania jednolitej konsystencji.
- Przetrzyj sos przez drobne sitko, dopraw pieprzem i przelej do słoiczka.

Składniki:

4 pomidory malinowe
1 mała marchewka
6 suszonych daktyli
⅔ szklanki wody
⅓ łyżeczki suszonej bazylii
1 łyżka soku z cytryny
szczypta pieprzu

Przydatne uwagi:

Jeśli chcesz, by ketchup był jeszcze gęstszy, przetarty przez sito sos ponownie zagotuj, aż nadmiar wody wyparuje. Ketchup to świetny dodatek do kiełbasek na ciepło, pasuje do kanapek z polędwicą (s. 39) czy zamaczania w nim krakersów serowych (s. 118).

Rozdział 2

Zupy

OSWOIĆ WARZYWA

Zbliża się południe. Czas zjeść kolejny posiłek. Jogurt, kanapkę albo – niestandardowo – zupę? Bo może być ona nie tylko częścią obiadu, ale również drugim śniadaniem. Zupa to lekkostrawne, sycące danie, które napełni małe i duże brzuszki, pozostawiając jednak miejsce na tradycyjny obiad. Dzięki niej łatwo uzupełnicie codzienną dietę o kolejną porcję warzyw. A pamiętajcie, że ma ich być 5 dziennie!

Maluszkom, które nie potrafią jeszcze jeść łyżką, zupę krem możesz podać w miseczce razem z chlebowymi grzankami, które dziecko będzie mogło maczać w zupie. Natomiast rzadkie zupy z warzywami rozdziel – warzywa połóż na blacie, a rzadką część wlej do kubeczka. To doskonale sprawdzające się metody.

BULION WARZYWNY

Zanim zaczniesz:

Przygotuj duży garnek z pokrywką.

Wykonanie:

- Warzywa obierz i wrzuć do zimnej wody. Dodaj ziele angielskie, listki laurowe i natkę pietruszki.
- Doprowadź do wrzenia, a następnie zmniejsz temperaturę i gotuj pod przykryciem przez 1 godzinę.
- Warzywa odcedź na sitku.
- Gotowy bulion przechowuj w lodówce lub zamrażarce.

Składniki:

1 ½ l wody
4 małe marchewki
2 małe pietruszki
¼ małego selera
1 mała cebula
1 por (tylko biała część)
½ pęczka natki pietruszki
2 listki laurowe
2 ziarna ziela angielskiego

Przydatne uwagi:

Bulion możesz wykorzystać do przygotowania m.in. zupy kukurydzianej (s. 50), batatowej (s. 53) lub kremu koperkowego (s. 46). Bulion to doskonała baza również do sosu, np. koperkowego (s. 102), lub leczo (s. 100). Bulion dla dorosłych możesz przyprawić solą i pieprzem.

ZUPA KREM Z PORA

Liczba porcji: 2

Składniki:

1 duży por lub 3 małe pory (tylko biała część)
3 ziemniaki
1 mała pietruszka
3 szklanki bulionu (s. 43) lub wody
3 gałązki natki pietruszki
¼ łyżeczki gałki muszkatołowej
szczypta pieprzu
5 suszonych pomidorów z zalewy
olej rzepakowy do smażenia

Zanim zaczniesz:

Przygotuj dużą patelnię i duży garnek.

Wykonanie:

- Pora obierz z wierzchniej warstwy, umyj i pokrój w grube krążki.
- Rozgrzej olej na patelni. Przełóż na nią pora i duś pod przykryciem ok. 5 minut. Ziemniaki i pietruszkę obierz i pokrój w kostkę.
- Przełóż do garnka całą zawartość patelni. Dodaj również ziemniaki, korzeń i natkę pietruszki i zalej bulionem.
- Gotuj wszystko pod przykryciem ok. 20 minut, aż ziemniaki będą miękkie.
- Zupę zblenduj na gładki krem i dopraw gałką muszkatołową i pieprzem.
- Przełóż krem do miseczek i posyp posiekanymi suszonymi pomidorami.

Przydatne uwagi:

Dziecku możesz podać zupę w kubeczku.
Wersję dla dorosłych możesz doprawić solą i pieprzem kajeńskim.

ZUPA CZOSNKOWA

Liczba porcji: 3

Zanim zaczniesz:

Obierz warzywa. Przygotuj duży, szeroki garnek, patelnię oraz blender.

Wykonanie:

- Ziemniaki i cebulę pokrój w kostkę. Czosnek grubo posiekaj. W garnku rozgrzej 2 łyżki oleju. Dodaj cebulę, ziemniaki i czosnek. Wymieszaj całość i duś pod przykryciem ok. 5 minut, co jakiś czas mieszając.
- Następnie zalej warzywa bulionem lub wodą. Gotuj pod przykryciem, aż ziemniaki staną się miękkie (ok. 20 minut). Zdejmij zupę z palnika.
- Wlej do kubka śmietanę i dodaj do niej kilka łyżek zupy, by się ogrzała. Wymieszaj i wlej do garnka. Dodaj wszystkie przyprawy i całość zblenduj na gładki krem.
- Przygotuj grzanki. Na patelni rozgrzej 1 łyżkę oleju. Pokrój chleb w kostkę i obsmaż na patelni, aż grzanki się zrumienią.
- Zupę przelej do miseczek. Posyp parmezanem i grzankami.

Składniki:

2 główki czosnku
1 cebula
4 ziemniaki
1 l bulionu (s. 43) lub wody
2 łyżki słodkiej śmietanki 30%
3 łyżki oleju rzepakowego
½ łyżeczki gałki muszkatołowej
⅓ łyżeczki słodkiej papryki w proszku
½ łyżeczki suszonego oregano
szczypta białego pieprzu
2 łyżki startego parmezanu
4 kromki pieczywa na grzanki

Przydatne uwagi:

Zamiast śmietany możesz użyć jogurtu.
Wersję dla dorosłych możesz doprawić solą i dodać szczyptę chili dla zaostrzenia smaku.

KREM KOPERKOWY

Liczba porcji: 4

Zanim zaczniesz:

Obierz warzywa, przygotuj średniej wielkości garnek.

Wykonanie:

- Ziemniaki pokrój w kostkę, marchewkę i pietruszkę w plasterki.
- Zagotuj w garnku bulion lub wodę, dodaj pokrojone warzywa. Gotuj je pod przykryciem ok. 20 minut do miękkości. Zblenduj całość na gładki krem.
- Koperek umyj, oddziel od twardych łodyg i drobno posiekaj. Na patelni rozgrzej masło i dodaj koperek. Duś przez minutę.
- Czosnek wyciśnij przez praskę i dodaj na patelnię. Duś kolejną minutę. Dodaj koperek z czosnkiem do kremu, zamieszaj i gotuj zupę jeszcze przez 2 minuty. Dopraw pieprzem.
- W miseczce wymieszaj dokładnie jogurt lub śmietanę z żółtkiem. Dodaj kilka łyżek zupy i wlej całość do garnka. Mieszaj do momentu zagotowania się. Wyłącz palnik.

Składniki:

2 l bulionu (s. 43) lub wody
½ pęczka koperku
4 średnie ziemniaki
1 marchewka
1 mała pietruszka
2 ząbki czosnku
1 żółtko
1 łyżka masła
2 łyżki jogurtu greckiego lub śmietany 18%
szczypta pieprzu

Przydatne uwagi:

Zupę możesz podać z grzankami, makaronem lub kluseczkami (s. 60).

ZUPA WIOSENNA

Liczba porcji: 5

Zanim zaczniesz:

Warzywa obierz. Przygotuj duży i mały garnek.

Wykonanie:

- Mięso przełóż do dużego garnka, dodaj ziele angielskie, listki laurowe i zalej wodą. Doprowadź do wrzenia, zdejmij łyżką szumowiny i zmniejsz temperaturę.
- Ziemniaki pokrój w kostkę. Wsyp do małego garnka i ugotuj do miękkości. Odcedź.
- Koperek drobno posiekaj.
- Do gotującego się wywaru włóż marchew, pietruszkę, seler, por, cebulę, natkę pietruszki. Gotuj zupę na średnim ogniu 40 minut bez przykrycia, a następnie dodaj zielony groszek, kalafior i brukselki. Gotuj kolejne 20 minut, po czym dodaj ugotowane ziemniaki i posiekany koperek. Zdejmij z palnika.
- Mięso i warzywa w całości wyjmij z zupy i ostudź. Mięso oddziel od kości i skóry, posiekaj na małe kawałki. Marchew, seler i pietruszkę pokrój w kostkę. Dodaj wraz z mięsem do zupy.

Składniki:

2 ½ l wody
2 skrzydła z indyka
3 marchewki
1 pietruszka
¼ selera
1 por (tylko biała część)
1 mała cebula
3 ziemniaki
½ szklanki zielonego groszku (może być mrożony)
5 różyczek kalafiora
10 brukselek
½ pęczka natki pietruszki
½ pęczka koperku
2 listki laurowe
2 ziarna ziela angielskiego

Przydatne uwagi:

Maluchom, które nie potrafią jeść rzadkiej zupy łyżką, możesz nalać ją do kubka, a warzywa położyć w całości na blacie krzesełka.
Zupę możesz także przygotować na kurzych udkach.
Wersję dla dorosłych możesz doprawić solą oraz pieprzem.

ZUPA KREM Z BIAŁYCH SZPARAGÓW

Liczba porcji: 4

Zanim zaczniesz:

Warzywa obierz i pokrój na kawałki.

Wykonanie:

- W dużym garnku rozgrzej olej, włóż pokrojoną cebulę i ziemniaki i podsmaż je przez chwilę, aż cebula zacznie się szklić. Dodaj pokrojone szparagi, zamieszaj całość i zalej bulionem warzywnym.
- Gotuj pod przykryciem na średnim ogniu przez 20 minut, a następnie zdejmij z palnika, dopraw szczyptą gałki muszkatołowej i zblenduj na gładki krem. Jeśli wyczuwasz łyka, przecedź zupę przez drobne sito.
- Do zblendowanej zupy dodaj żółtko i energicznie wymieszaj rózgą, a następnie doprowadź do wrzenia i wyłącz palnik. Podawaj z grzankami z chleba.

Składniki:

2 szklanki bulionu warzywnego (s. 43)
1 pęczek białych szparagów
1 duży ziemniak
1 cebula
1 łyżka oleju rzepakowego
szczypta gałki muszkatołowej

opcjonalnie:

1 żółtko

Przydatne uwagi:

Dzieciom, które nie potrafią posługiwać się łyżką, możesz nalać zupę do kubka.
W wersji dla dorosłych możesz doprawić zupę do smaku solą i świeżo zmielonym czarnym pieprzem.

ZUPA KUKURYDZIANA

Liczba porcji: 4

Zanim zaczniesz:

Przygotuj wysoki garnek, blender i sitko.

Wykonanie:

- Ziemniaki, cebulę i czosnek obierz i pokrój w plasterki.
- W garnku rozgrzej olej. Wsyp ziemniaki, cebulę i czosnek, podsmażaj przez minutę, ciągle mieszając, a następnie dodaj kukurydzę i ponownie wymieszaj.
- Zalej warzywa wodą lub bulionem i przykryj.
- Gotuj na średnim ogniu 25 minut. Zdejmij garnek z palnika. Dodaj gałkę muszkatołową, a następnie zblenduj całość na krem.
- Przecieraj zupę partiami przez drobne sito, aby oddzielić łupinki.

Składniki:

1½ szklanki ugotowanych ziaren kukurydzy
2½ szklanki wody lub bulionu (s. 43)
2 małe ziemniaki
1 średnia cebula
1 ząbek czosnku
⅓ łyżeczki gałki muszkatołowej
2 łyżki oleju rzepakowego

Przydatne uwagi:

Jeśli zupa jest zbyt gęsta, dolej więcej wody lub bulionu. Wersję dla dorosłych możesz doprawić do smaku pieprzem oraz solą.

ZUPA ZE ŚWIEŻYCH OGÓRKÓW

Liczba porcji: 4

Zanim zaczniesz:

Obierz warzywa. Przygotuj patelnię i duży garnek.

Wykonanie:

- Pokrój warzywa: ogórki, seler naciowy i cebulę w drobną kostkę, marchewkę w plasterki, ziemniaki w większą kostkę.
- Wlej wodę do garnka, dodaj do niej listek laurowy, ziele angielskie, pieprz, marchewkę i ziemniaki. Zagotuj, przykryj i gotuj na małym ogniu do miękkości warzyw (ok. 30 minut).
- W tym czasie rozgrzej na patelni masło i przełóż na nią ogórki i cebulę. Duś do momentu, aż się zeszklą (ok. 7 minut).
- Do miękkich warzyw w garnku dodaj zawartość patelni i seler naciowy, zamieszaj i gotuj razem jeszcze przez 10 minut. Dodaj posiekany koperek i wyłącz palnik.

Składniki:

1 ½ l wody
4 duże ogórki gruntowe
2 marchewki
1 łodyga selera naciowego
3 ziemniaki
1–2 ząbki czosnku
1 łyżka posiekanego koperku
1 cebula
1 listek laurowy
2 ziarna ziela angielskiego
4 ziarenka pieprzu
1–2 łyżki masła klarowanego

Przydatne uwagi:

Zupę możesz podać z kleksem jogurtu greckiego lub śmietany.
Wersję dla dorosłych możesz doprawić solą i pieprzem.

ZUPA BATATOWA Z MASŁEM ORZECHOWYM

Liczba porcji: 5

Zanim zaczniesz:

Przygotuj blender i duży garnek.

Wykonanie:

- Bataty, cebule i czosnek obierz i posiekaj w kostkę.
- W garnku rozgrzej olej. Wsyp posiekane warzywa i podsmażaj przez minutę, ciągle mieszając, a następnie zalej warzywa 2 szklankami wody lub bulionu.
- Gotuj pod przykryciem na średnim ogniu przez 15 minut. Zdejmij garnek z palnika. Dodaj 1 szklankę wody lub bulionu, masło orzechowe, curry, słodką paprykę i pieprz, a następnie zblenduj całość na krem i ponownie zagotuj zupę, po czym wyłącz palnik.
- Kromki chleba pokrój w małą kostkę i upraż na suchej patelni przez kilka minut, aż się zrumienią. Ciepłą zupę posyp grzankami.

Składniki:

3 szklanki wody lub bulionu warzywnego (s. 43)
2 duże bataty
2 małe cebule
2 ząbki czosnku
3 łyżeczki masła orzechowego
1 łyżka oleju kokosowego
⅓ łyżeczki curry w proszku
½ łyżeczki słodkiej papryki w proszku
4 duże kromki chleba
szczypta pieprzu

Przydatne uwagi:

Jeśli zupa jest zbyt gęsta, dolej więcej wody lub bulionu. Wersję dla dorosłych możesz doprawić do smaku większą ilością pieprzu oraz solą.

ZUPA KREM Z CIECIERZYCY

Liczba porcji: 4

Zanim zaczniesz:

Namocz ciecierzycę w zimnej wodzie przez 12 godzin. Odlej wodę. Przełóż namoczoną ciecierzycę do garnka i zalej świeżą wodą (tak, by wystawała 1 cm ponad ziarna). Gotuj pod przykryciem do miękkości. Odcedź.

Wykonanie:

- Do garnka wlej 2 szklanki bulionu lub wody i szklankę przecieru pomidorowego. Dodaj zioła, przeciśnięty przez praskę czosnek i masło. Gotuj ok. 10 minut pod przykryciem. Przełóż do garnka ciecierzycę i gotuj całość kolejne 5 minut. Zblenduj zupę na niezbyt gładki krem.
- Przełóż zupę do miseczek i podawaj posypaną pokruszonym twarogiem.

Składniki:

1 ½ szklanki ciecierzycy
2 szklanki bulionu (s. 43) lub wody
1 szklanka przecieru pomidorowego
1 łyżka masła
1 gałązka świeżego tymianku
1 gałązka świeżej bazylii
2 gałązki świeżego oregano
1 gałązka natki pietruszki
2 ząbki czosnku
3 łyżki twarogu

Przydatne uwagi:

Możesz odłożyć kilka łyżek ugotowanej ciecierzycy i posypać nią gotowy krem.
Wersję dla dorosłych możesz doprawić papryką chili, a zamiast twarogiem – posypać słoną fetą.

ZUPA MARCHEWKOWA

Liczba porcji: 5

Zanim zaczniesz:

Przygotuj blender i duży garnek.

Wykonanie:

- Marchewki, pomarańczę, cebulę i imbir obierz. Marchewki i cebulę pokrój na mniejsze kawałki. Imbir posiekaj.
- W garnku rozgrzej olej. Wsyp marchewki, cebulę i imbir. Podsmażaj przez minutę, ciągle mieszając, a następnie zalej warzywa wodą.
- Wyciśnij sok z pomarańczy i przelej wraz z miąższem do zupy.
- Gotuj pod przykryciem, na średnim ogniu, przez 30 minut. Zdejmij garnek z palnika. Dodaj płaską łyżeczkę cynamonu, a następnie zblenduj całość na krem.
- Płatki migdałowe upraż na suchej patelni, aż się zrumienią. Posyp nimi ciepłą zupę.

Składniki:

4 marchewki
1 pomarańcza
1 cebula
3 cm imbiru
1 łyżka oleju rzepakowego
1 płaska łyżeczka cynamonu
3 szklanki wody

opcjonalnie:

3 łyżki płatków migdałowych

Przydatne uwagi:

Jeśli zupa jest zbyt gęsta, dolej więcej wody i ponownie zagotuj.

ZUPA OGÓRKOWA Z RYŻEM

Liczba porcji: 6

Zanim zaczniesz:

Warzywa obierz. Przygotuj duży i mały garnek oraz tarkę.

Wykonanie:

- Mięso przełóż do garnka i zalej wodą. Doprowadź do wrzenia, zdejmij łyżką szumowiny i zmniejsz temperaturę.
- Marchew, pietruszkę, seler, por i cebulę włóż do garnka z mięsem. Gotuj na średnim ogniu pod przykryciem 45 minut, a następnie wsyp ryż, zamieszaj i gotuj kolejne 15 minut.
- Wyjmij mięso i włoszczyznę. Marchewkę i pietruszkę zetrzyj na dużych oczkach i ponownie wsyp do zupy.
- Ogórki zetrzyj na małych oczkach, a następnie przełóż do mniejszego garnka i gotuj bez przykrycia ok. 5 minut.
- Koperek drobno posiekaj.
- Do zupy wsyp koperek i ugotowane kiszone ogórki. Wlej wodę po ogórkach i całość wymieszaj. Doprowadź zupę do wrzenia i zdejmij z palnika.

Składniki:

2 l wody
4 udka z kurczaka
2 marchewki
1 pietruszka
¼ selera
1 por (tylko biała część)
1 cebula
6 kiszonych ogórków
1 szklanka wody po kiszonych ogórkach
½ pęczka koperku
½ szklanki surowego ryżu

Przydatne uwagi:

Maluchom, które nie potrafią jeść rzadkiej zupy łyżką, możesz nalać ją do kubka, a warzywa położyć w całości na blacie krzesełka. Ugotowane mięso możesz oddzielić od kości, drobno posiekać i dodać do zupy lub wykorzystać do przygotowania pasty kanapkowej (np. pasty drobiowo-gryczanej, s. 156).

ROSÓŁ NA PRAŻONYCH WARZYWACH

Liczba porcji: 6

Zanim zaczniesz:

Obierz warzywa. Przygotuj duży garnek i patelnię.

Wykonanie:

- Mięso przełóż do dużego garnka. Zalej wodą i doprowadź do wrzenia. Zdejmij łyżką szumowiny i zmniejsz temperaturę.
- Marchew, pietruszkę, seler, por i cebulę połóż na rozgrzanej patelni i praż do momentu, aż zaczną brązowieć z jednej strony (ok. 5 minut).
- Do wywaru dodaj uprażone warzywa i 3 gałązki natki pietruszki.
- Gotuj zupę na małym ogniu, bez przykrycia, ok. 1½ godziny, a następnie wyjmij warzywa i mięso z garnka.
- Marchewkę i pietruszkę pokrój w kostkę i dodaj do rosołu.
- Gotową zupę posyp posiekaną natką pietruszki.

Składniki:

3 l wody
6 udek lub pałek z kurczaka
2 marchewki
2 pietruszki
¼ selera
1 por (tylko biała część)
1 mała cebula
pęczek natki pietruszki

Przydatne uwagi:

Zupę możesz podać z makaronem, lanymi kluseczkami (s. 60), a w okresie jesienno-zimowym z kaszą jaglaną.
Do wywaru możesz dodać 1 łyżkę suszonych warzyw bez soli.
Wersję dla dorosłych możesz doprawić solą.

LANE KLUSECZKI DO ZUPY

Zanim zaczniesz:

Przygotuj wysoką miskę i trzepaczkę.

Wykonanie:

- Jajka rozbełtaj trzepaczką. Stopniowo dodawaj mąkę, cały czas mieszając trzepaczką, do uzyskania gładkiej, bardzo gęstej konsystencji.
- Wodę lub zupę (rzadką, np. rosół, pomidorową) doprowadź do wrzenia. Nabieraj porcję ciasta na łyżkę i cienką strugą wlewaj ciasto do zupy lub wody.
  Gotuj kluseczki 2 minuty od momentu wypłynięcia.

Składniki:

2 duże jajka
6 płaskich łyżek mąki pszennej lub orkiszowej
1 l wody lub wybrana zupa do gotowania kluseczek

Przydatne uwagi:

W zależności od tego, jak dużych jajek użyjesz, ciasto może wydawać się zbyt gęste – dodaj wtedy jedną łyżkę wody, lub zbyt rzadkie, wówczas dodaj jedną łyżeczkę mąki. Kluseczki możesz też ugotować na wodzie i wrzucić gotowe do wybranej zupy.

Rozdział 3

Drugie dania

NAJEŚĆ SIĘ DO SYTA

W tym rozdziale proponujemy wiele dań obiadowych, które możecie ze sobą łączyć lub mogą stanowić samodzielne posiłki. Znajdziecie tu dania ekspresowe w przygotowaniu i takie, którym trzeba chwilę poświęcić. Wszystkie jednak są pełnowartościowe i zasmakują nie tylko dzieciom, ale i całej rodzinie. Bo przecież BLW zakłada jedzenie tego samego i wyklucza gotowanie „na kilka garów". Ma być zdrowo, łatwo i smacznie! Nie zapominajcie o tym, by oprzeć obiad na warzywach. Niech będą częścią posiłku lub dodatkiem do niego.

BANANOWE PIEROGI LENIWE

Liczba porcji: 4

Zanim zaczniesz:

Przygotuj dużą miskę oraz stolnicę. W dużym garnku zagotuj wodę.
Przygotuj jajko: oddziel żółtko od białka. Ubij białko na pianę.

Wykonanie:

- Twaróg i banana rozgnieć dokładnie widelcem i przełóż do dużej miski. Dodaj żółtko, mąkę, cynamon i wymieszaj łyżką. Wmieszaj do masy ubite białko i wyrób ciasto rękoma.
- Przełóż ciasto na stolnicę posypaną mąką i zagniataj do momentu, aż stanie się jednolite i gładkie. Podsyp ciasto odrobiną mąki, jeśli będzie bardzo klejące.
- Odrywaj duże kawałki ciasta i rękoma formuj wałki, a następnie spłaszcz je i potnij nożem po skosie na 3 cm kawałki.
- Przygotowane pierożki wsyp do wrzątku i zagotuj. Zmniejsz temperaturę i gotuj 2–3 minuty od momentu wypłynięcia. Odcedź i polej roztopionym masłem.

Składniki:

500 g twarogu półtłustego
1 jajko
1 banan
1 szklanka mąki orkiszowej lub pszennej (plus do podsypania)
½ łyżeczki cynamonu
50 g masła

Przydatne uwagi:

Im mniej dodatkowej mąki użyjesz, tym pierogi będą delikatniejsze.
Możesz polać gotowe pierogi miodem lub – zamiast masła – olejem kokosowym.

MIGDAŁOWE NALEŚNIKI Z SOSEM TRUSKAWKOWYM

Liczba sztuk: 5

Zanim zaczniesz:

Przygotuj patelnię do naleśników, mikser i blender.

Wykonanie:

- Do dużej miski wlej mleko. Dodaj mąkę, zmielone migdały i jajko. Połącz składniki za pomocą miksera. Odstaw ciasto na 15 minut.
- Odrobiną oleju posmaruj patelnię i rozgrzej ją. Smaż naleśniki z obu stron do zrumienienia.
- Przygotuj sos. Truskawki pozbaw szypułek i przełóż do blendera. Dodaj pokruszony ser oraz syrop klonowy lub miód. Blenduj całość przez 3–4 minuty, nie przerywając, aż powstanie gładki sos.

Składniki:

Naleśniki:

1 szklanka mleka
⅔ szklanki mąki pszennej lub orkiszowej
3 łyżki drobno zmielonych migdałów
1 jajko
olej kokosowy do smażenia

Sos:

120 g twarogu półtłustego
10 truskawek
1 łyżka syropu klonowego lub miodu

Przydatne uwagi:

Jeśli ciasto postoi chwilę przed smażeniem, naleśniki będą się lepiej przewracały na patelni.

GRYCZANE PLACKI Z TWAROGIEM

Liczba sztuk: 16

Zanim zaczniesz:

Zagotuj 1 szklankę wody, wsyp do niej kaszę, zamieszaj, doprowadź do wrzenia i przykryj. Zmniejsz temperaturę i gotuj pod przykryciem 15 minut, aż kasza wchłonie cały płyn. Wystudź. Przygotuj dużą miskę.

Wykonanie:

- Do miski przesyp ugotowaną i ostudzoną kaszę.
- Twaróg rozgnieć widelcem i dodaj do kaszy wraz z mlekiem, jajkami i mąką. Wymieszaj. Posiekaj szczypiorek i dodaj go do masy. Wymieszaj ponownie.
- Rozgrzej patelnię posmarowaną olejem i smaż placki z obu stron do zrumienienia.

Składniki:

½ szklanki palonej kaszy gryczanej
1 szklanka wody
200 g twarogu półtłustego
2 jajka
4 łyżki mleka
3 łyżki mąki pszennej
½ pęczka szczypiorku
olej rzepakowy do smażenia

Przydatne uwagi:

Placki podawaj z sosem czosnkowym lub koperkowym. W wersji dla dorosłych możesz doprawić placki solą i pieprzem.
Jeśli placki przywierają do patelni – dodaj łyżkę mąki do ciasta.

KOPERKOWE KOPYTKA

Liczba porcji: 5

Zanim zaczniesz:

Przygotuj dużą miskę oraz stolnicę.

Wykonanie:

- Ziemniaki obierz i ugotuj do miękkości, a następnie ostudź. Przełóż do dużej miski i rozgnieć tłuczkiem lub przeciśnij przez praskę.
- Dodaj jajka, mąkę pszenną i ziemniaczaną. Wymieszaj łyżką.
- Koperek drobno posiekaj i dodaj do ciasta. Ponownie wymieszaj i wyrób ciasto rękoma.
- Przełóż ciasto na stolnicę posypaną mąką i zagniataj je do momentu, aż stanie się jednolite i gładkie. Jeśli będzie bardzo klejące, podsyp odrobiną mąki.
- Odrywaj duże kawałki ciasta i rękoma formuj wałki, a następnie spłaszcz je i potnij nożem po skosie na 2 cm kawałki.
- W dużym, szerokim garnku zagotuj wodę z dodatkiem oliwy. Przygotowane kluseczki wsyp do wrzątku i zagotuj. Zmniejsz temperaturę i gotuj 2–3 minuty od momentu wypłynięcia, a następnie odcedź.

Składniki:

5 ziemniaków (ok. 900 g)
2 jajka
1 szklanka mąki pszennej (plus do podsypania)
2 kopiaste łyżki mąki ziemniaczanej
½ pęczka koperku
2 łyżki oliwy

Przydatne uwagi:

Im mniej dodatkowej mąki użyjesz, tym kopytka będą delikatniejsze.
Idealnie pasują do dań mięsnych (np. gulaszów, s. 87 i s. 94) i sosów (np. koperkowego, s. 102), jako alternatywa dla samych ziemniaków czy makaronu. Świetnie sprawdzą się również jako danie dla maluszków.

BARDZO WARZYWNE PLACKI

Liczba sztuk: 18

Zanim zaczniesz:

Przygotuj tarkę, dużą miskę oraz dużą patelnię. Cukinię w skórce zetrzyj na dużych oczkach. Odstaw na 15 minut.

Wykonanie:

- Cebulę, marchewkę i ziemniaki obierz. Cebulę drobno posiekaj. Marchewkę zetrzyj na dużych oczkach. Ziemniaki zetrzyj na małych oczkach i odsącz z nadmiaru wody. Wybrane zioła drobno posiekaj. Startą cukinię odsącz z nadmiaru wody.
- W misce połącz cukinię, cebulę, marchewkę, ziemniaki, zioła i rozbełtane jajka. Dokładnie wymieszaj składniki, posyp pieprzem. Dodaj 4 łyżki mąki i ponownie wymieszaj.
- Łyżką stołową nakładaj porcje ciasta na rozgrzaną patelnię posmarowaną olejem. Smaż placki z dwóch stron do zrumienienia, ok. 4 minut z każdej strony.

Składniki:

1 mała cukinia
1 duża cebula
1 średnia marchewka
2 małe ziemniaki
3 jajka
5 gałązek natki pietruszki lub bazylii albo koperku
4 łyżki mąki orkiszowej lub pszennej
szczypta pieprzu
olej rzepakowy do smażenia

Przydatne uwagi:

Możesz zamienić mąkę na bezglutenową, np. kukurydzianą.
Część ciasta na placki dla dorosłych możesz doprawić solą i większą ilością pieprzu.
Placki doskonale komponują się z sosem jogurtowym.

PESTO ORZECHOWO--PIETRUSZKOWE

Liczba porcji: 3

Zanim zaczniesz:

Przygotuj blender. Oddziel listki natki pietruszki od łodyg. Nastaw wodę na makaron.

Wykonanie:

- Ugotuj makaron i odcedź. Gorący przełóż ponownie do garnka, w którym się gotował.
- Do misy blendera przełóż natkę pietruszki, orzechy, czosnek, oliwę i sok z cytryny. Zblenduj wszystko na pesto. Przełóż je do makaronu i wymieszaj tak, by pesto oblepiło makaron. Podawaj posypany parmezanem.

Składniki:

½ pęczka natki pietruszki
½ szklanki niesolonych orzeszków ziemnych lub włoskich
2 ząbki czosnku
3–4 łyżki oliwy
kilka kropel soku z cytryny
300 g makaronu penne

opcjonalnie:

parmezan do posypania

Przydatne uwagi:

Ugotuj makaron al dente, by dziecko, trzymając go w rączce, nie mogło rozgnieść przed spożyciem. Możesz użyć dowolnego makaronu, również bezglutenowego.
Wersję dla dorosłych możesz doprawić solą i pieprzem.

MAKARON Z SOSEM BROKUŁOWYM

Liczba porcji: 4

Zanim zaczniesz:

Podziel brokuł na różyczki. Zagotuj wodę w garnku, wrzuć do niej brokuł, dodaj sok z cytryny i gotuj 5 minut pod przykryciem (ma być al dente). Odcedź. Przygotuj blender i garnek.

Wykonanie:

- Przełóż różyczki brokułu do blendera i zmiksuj.
- W garnku rozpuść masło. Dodaj mąkę i zamieszaj, aż powstanie gładka masa. Wlej mleko i mieszaj rózgą, by nie powstały grudki. Gotuj do momentu, aż sos zgęstnieje i zagotuje się. Nie przerywaj mieszania.
- Do sosu dodaj przeciśnięty przez praskę ząbek czosnku, brokuły, ricottę i gałkę muszkatołową. Zamieszaj i zdejmij z palnika.
- Ugotuj makaron. Przełóż go do sosu i zamieszaj, by oblepił makaron.

Składniki:

½ brokułu (około 200 g)
1 szklanka mleka
2 łyżki masła
1 łyżeczka mąki pszennej lub orkiszowej
1 duży ząbek czosnku
szczypta gałki muszkatołowej
1 łyżeczka soku z cytryny
400 g makaronu penne

opcjonalnie:

2 łyżki ricotty

Przydatne uwagi:

Danie możesz podać posypane parmezanem.

SPAGHETTI Z OLIWĄ CZOSNKOWĄ

Liczba porcji: 4

Zanim zaczniesz:

Zagotuj wodę na makaron. Przygotuj małą patelnię.

Wykonanie:

- Ugotuj makaron.
- Rozgrzej patelnię i wlej na nią oliwę. Dodaj zioła, przyprawy, przeciśnięty przez praskę czosnek. Wymieszaj i podsmażaj wszystko przez minutę.
- Odcedź makaron i przełóż go ponownie do garnka, w którym się gotował. Dodaj oliwę z przyprawami i wymieszaj.
- Podawaj posypane parmezanem i drobno posiekaną natką pietruszki.

Składniki:

5 łyżek oliwy
1 łyżeczka papryki słodkiej w proszku
1 łyżeczka suszonego oregano
1 łyżeczka suszonej bazylii
szczypta pieprzu
1–2 ząbki czosnku
400 g makaronu spaghetti

Do posypania:

parmezan i natka pietruszki

Przydatne uwagi:

Im więcej czosnku dodasz, tym potrawa będzie ostrzejsza. Przygotowując wersję dla dorosłych, możesz posiekać ¼ papryczki chili i dodać ją do oliwy przed podgrzaniem.

MAKARON ZE SZPINAKOWYM PESTO

Liczba porcji: 4

Zanim zaczniesz:

Przygotuj blender. Zagotuj wodę na makaron.

Wykonanie:

- Liście szpinaku umyj i wysusz ręcznikiem papierowym. Przełóż do misy blendera. Dodaj również migdały, olej, parmezan, sok z cytryny i wyciśnięty przez praskę czosnek. Zmiksuj wszystko na gładkie pesto.
- Ugotuj makaron i odcedź. Przełóż go ponownie do garnka, w którym się gotował, i dodaj do niego pesto. Wymieszaj dokładnie, by pesto oblepiło makaron.

Składniki:

200 g świeżego szpinaku
2 łyżki płatków migdałowych
1 ząbek czosnku
2 łyżki parmezanu
6 łyżek oliwy
½ łyżeczki soku z cytryny
400 g makaronu, np. kokardki, świderki lub penne

Przydatne uwagi:

Wersję dla dorosłych możesz zaostrzyć dodatkowym ząbkiem czosnku lub czarnym pieprzem.

SPAGHETTI Z SOSEM Z CZERWONEJ SOCZEWICY

Liczba porcji: 4

Zanim zaczniesz:

Przygotuj wysoki garnek, małą patelnię i blender.

Wykonanie:

- Wodę wlej do wysokiego garnka, doprowadź do wrzenia. Soczewicę wypłucz i wsyp do wrzątku. Gotuj na małym ogniu pod przykryciem, przez 15 minut, aż woda całkiem się wchłonie.
- Cebulę obierz i pokrój w małą kostkę. Czosnek obierz i przeciśnij przez praskę. Na małej patelni rozgrzej olej, dodaj posiekaną cebulę, zeszklij, dodaj czosnek i podsmażaj 1 minutę.
- Do garnka z ugotowaną soczewicą dodaj cebulę z czosnkiem, pokrojone pomidory, słodką paprykę, oregano, bazylię i szczyptę pieprzu. Wymieszaj i zblenduj na gładki sos.
- Suszone pomidory posiekaj, wsyp do sosu. Gotuj pod przykryciem na małym ogniu 15 minut.
- Makaron ugotuj w wodzie do miękkości, a następnie odcedź. Gotowy sos wymieszaj z makaronem.

Składniki:

5 pomidorów bez skóry
½ szklanki czerwonej soczewicy
1 szklanka wody
1 łyżka oleju rzepakowego
1 cebula
2 ząbki czosnku
4 suszone pomidory
1 łyżeczka słodkiej papryki w proszku
1 łyżeczka oregano
½ łyżeczki bazylii
szczypta pieprzu
400 g makaronu spaghetti

Przydatne uwagi:

Danie możesz posypać startym parmezanem.
Dziecku, które nie radzi sobie jeszcze ze sztućcami, możesz podać sos z makaronem penne, który łatwo chwycić małą rączką.
Możesz użyć każdego makaronu, również bezglutenowego.
Wersję dla dorosłych możesz doprawić solą do smaku.

MAKARON Z SOSEM Z MLEKA KOKOSOWEGO

Liczba porcji: 3

Zanim zaczniesz:

Zagotuj wodę na makaron. Przygotuj dużą patelnię. Oderwij listki kolendry od gałązek i posiekaj je.

Wykonanie:

- Rozgrzej patelnię i przełóż na nią masło. Dodaj przeciśnięty przez praskę czosnek. Wymieszaj i podsmażaj wszystko przez minutę.
- Wlej na patelnię mleko kokosowe i gotuj bez przykrycia ok. 15 minut, by sos się zredukował. W tym czasie ugotuj makaron.
- Odcedź makaron i przełóż go na patelnię z sosem. Dodaj kolendrę, pieprz i parmezan. Wymieszaj.

Składniki:

400 ml mleka kokosowego
3 ząbki czosnku
1 łyżka masła lub oleju
6 gałązek kolendry
szczypta pieprzu
300 g makaronu, np. penne

opcjonalnie:

3 łyżki startego parmezanu

PAPRYKOWE PULPECIKI W SOSIE ORIENTALNYM

Liczba sztuk: 14

Zanim zaczniesz:

Obierz czosnek i cebulę. Listki bazylii posiekaj. Całą paprykę pokrój w małą kostkę i podziel na dwie równe porcje (do sosu i mięsa). Pomidory pokrój na kawałki. Przygotuj małą i dużą patelnię.

Wykonanie:

- Zacznij od sosu: Cebulę drobno posiekaj. Imbir obierz i zetrzyj na małych oczkach. Na małej patelni rozgrzej łyżkę oleju. Wsyp ½ czerwonej papryki w kostce, cebulę i imbir. Podsmażaj, ciągle mieszając, aż cebula się zeszkli (ok. 2 minut).
- Dodaj pokrojone pomidory i gotuj bez przykrycia 10 minut. Następnie wlej mleko kokosowe, dopraw sos curry, słodką papryką, kurkumą i wymieszaj.
- Teraz pulpeciki: Mięso przełóż do miski. Dodaj drugą porcję pokrojonej papryki. Czosnek przeciśnij przez praskę i dodaj do mięsa. Wsyp 2 łyżki mąki ziemniaczanej, cynamon, słodką paprykę, listki bazylii i szczyptę pieprzu. Wymieszaj całość rękoma na jednolitą masę. Dłonie zwilż wodą, nabieraj niewielką ilość masy, formuj małe kulki i obtaczaj je w mące ziemniaczanej.
- Na dużej patelni rozgrzej 3 łyżki oleju. Układaj obtoczone w mące pulpeciki i obsmażaj z dwóch stron, tylko do zrumienienia.
- Zalej pulpeciki sosem i gotuj pod przykryciem na małym ogniu 20 minut. W połowie gotowania przewróć pulpety na drugą stronę.

Składniki:

Pulpeciki:

400 g mięsa mielonego wieprzowego
½ czerwonej papryki
2 łyżki mąki ziemniaczanej (plus do obtoczenia)
½ łyżeczki cynamonu
½ łyżeczki słodkiej papryki w proszku
2 ząbki czosnku
14 listków bazylii (lub 2 łyżeczki suszonej)
szczypta pieprzu
3 łyżki oleju rzepakowego

Sos:

400 g mleka kokosowego
5 pomidorów bez skóry
½ czerwonej papryki
1 cebula
5 cm imbiru
½ łyżeczki przyprawy curry w proszku
½ łyżeczki słodkiej papryki w proszku
⅓ łyżeczki kurkumy
1 łyżka oleju rzepakowego

Przydatne uwagi:

Pulpeciki możesz podać z ryżem. Sos posyp posiekaną natką pietruszki.
Wybierz mleko kokosowe o dobrym i krótkim składzie (np. ekstrakt z kokosa i woda).
Wersję dla dorosłych możesz doprawić solą i pieprzem.

CHRUPIĄCE BURGERY RYBNE

Liczba sztuk: 16

Zanim zaczniesz:

Przygotuj blender i dużą miskę.

Wykonanie:

- Rybę pokrój na mniejsze kawałki, a następnie zblenduj. Przełóż do miski i skrop obficie sokiem z cytryny. Cebulę obierz i drobno posiekaj. Dodaj do ryby.
- Następnie dodaj: rozbełtane jajko, starty ser, surową kaszę mannę, natkę pietruszki oraz szczyptę pieprzu. Wymieszaj całość na jednolitą masę.
- Bułkę tartą i sezam wsyp na talerz i wymieszaj. Dłonie zwilż wodą, nabierz niewielką ilość masy, uformuj mały kotlet i obtocz w panierce. Postępuj tak z resztą rybnej masy.
- Na patelni rozgrzej 4 łyżki oleju i układaj kotlety. Smaż na średnim ogniu z dwóch stron do zrumienienia, ok. 5 minut na każdej stronie.

Składniki:

450 g filetu z dorsza/morszczuka/halibuta bez skóry
1 jajko
1 cebula
sok z ½ cytryny
2 kopiaste łyżki kaszy manny
2 łyżki suszonej natki pietruszki
4 łyżki startego żółtego sera
szczypta pieprzu
4 łyżki bułki tartej
1 łyżka sezamu
olej rzepakowy lub kokosowy do smażenia

Przydatne uwagi:

Zamiast suszonej natki pietruszki możesz użyć drobno posiekanej świeżej (½ pęczka).
Możesz również przygotować pulpety duszone na patelni. Podsmaż kotlety z dwóch stron na niewielkiej ilości oleju do zrumienienia, a następnie podlej bulionem (s. 43) i gotuj pod przykryciem na niewielkim ogniu, ok. 20 minut.
Podawaj z surówką, np. z marchewki (s. 99), i ziemniakami.

DELIKATNE KULECZKI MARCHEWKOWE Z DORSZEM

Liczba sztuk: 14

Zanim zaczniesz:

Przygotuj duży, szeroki garnek, tarkę i blender.

Wykonanie:

- Mięso zblenduj na gładką masę. Marchewkę obierz i zetrzyj na małych oczkach.
- W misce połącz rybę, marchewkę, jajko i surową kaszę. Całość wymieszaj na jednolitą masę.
- Dłonie zwilż wodą, nabieraj niewielką ilość masy, formuj małe kulki wielkości orzecha włoskiego i obtaczaj je w mące.
- W dużym garnku zagotuj wodę lub bulion. Włóż kuleczki do wrzątku i gotuj na średnim ogniu bez przykrycia 12 minut.
- Podawaj z bukietem warzyw i ryżem lub ziemniakami.

Składniki:

300 g filetu z dorsza bez skóry
1 marchewka
2 łyżki surowego kuskusu
1 jajko
3 łyżki mąki pszennej lub orkiszowej albo ziemniaczanej
2 l wody lub bulionu warzywnego (s. 43)

Przydatne uwagi:

Te pulpeciki są idealne na początek rozszerzania diety. Jeśli chcesz, by smak był bardziej intensywny, dodaj do farszu ½ cebuli i kilka gałązek posiekanego koperku. W wersji dla dorosłych możesz doprawić masę solą i pieprzem. Kuleczki można usmażyć na niewielkiej ilości oleju i podać w sosie śmietanowym (s. 103).

ŁOSOŚ Z CHLEBOWĄ POSYPKĄ

Liczba porcji: 3

Zanim zaczniesz:

Oderwij listki oregano i bazylii, umyj je i posiekaj.
Czosnek obierz.
Łososia umyj, osusz i przejrzyj dokładnie, by pozbawić go ości.
Wyłóż blaszkę papierem do pieczenia i nastaw piekarnik na 230°C z termoobiegiem.

Składniki:

płat łososia (około 400 g)
1 łyżka soku z cytryny
4 suszone pomidory w zalewie
2 gałązki oregano
1 gałązka bazylii
2 ząbki czosnku
2 kromki chleba ze skórką lub ½ bułki
3 łyżki oleju (może być ten z zalewy od suszonych pomidorów)

opcjonalnie:

1 łyżka parmezanu

Wykonanie:

- Łososia natrzyj sokiem z cytryny i posiekanym oregano.
- Pieczywo pokrój w kostkę i przełóż do misy blendera. Dodaj suszone pomidory, czosnek, bazylię, olej, parmezan i zmiksuj.
- Ułóż łososia na blaszce skórą do dołu. Wstaw do piekarnika na 5 minut.
- Wyjmij rybę i posyp chlebową mieszanką, lekko ją dociskając. Piecz przez 15 minut na środkowym poziomie piekarnika.

Przydatne uwagi:

Możesz użyć filetu z innej ryby.
W wersji dla dorosłych rybę przed pieczeniem możesz doprawić solą i pieprzem.

CHRUPIĄCE KOTLETY Z KURCZAKA

Liczba sztuk: 14

Zanim zaczniesz:

Mięso zmiel w maszynce lub za pomocą blendera. Przygotuj dużą patelnię.

Wykonanie:

- Obierz warzywa. Marchewkę zetrzyj na dużych oczkach. Cebulę i natkę pietruszki drobno posiekaj.
- Do dużej miski przełóż zmielone mięso oraz posiekane i starte warzywa. Dodaj jajko, kaszę, pieprz, a następnie całość dokładnie wymieszaj.
- Zwilż dłonie wodą, nabieraj małe porcje mięsa i formuj średniej wielkości kotlety.
- Bułkę tartą wsyp na głęboki talerz. Obtaczaj w niej kotlety. Układaj na rozgrzanej patelni posmarowanej olejem rzepakowym.
- Smaż do zrumienienia, ok. 6 minut na każdej stronie.

Składniki:

500 g filetu z piersi kurczaka
1 marchewka
1 cebula
1 jajko
2 łyżki kaszy manny
4 gałązki natki pietruszki
1 szklanka bułki tartej
szczypta czarnego pieprzu
olej rzepakowy do smażenia

Przydatne uwagi:

Zamiast smażyć, możesz kotlety upiec. Nastaw piekarnik na 200°C z termoobiegiem. Blachę wyłóż papierem do pieczenia i posmaruj olejem rzepakowym. Układaj w równych odstępach obtoczone w bułce tartej kotlety. Piecz na środkowym poziomie 12 minut, a następnie obróć kotlety na drugą stronę i kontynuuj pieczenie kolejne 12 minut. Kontroluj stopień zrumienienia mięsa.
W wersji dla dorosłych część mięsa możesz przed usmażeniem doprawić solą i większą ilością pieprzu.

DROBIOWY GULASZ Z WARZYWAMI

Liczba porcji: 4

Zanim zaczniesz:

Pokrój mięso w kostkę. Obierz warzywa. Przygotuj dużą i głęboką patelnię.

Wykonanie:

- Na patelni rozgrzej olej. Przełóż na nią mięso. Posyp je pieprzem i papryką i obsmaż na dużym ogniu z obu stron (tylko do zrumienienia). W tym czasie pokrój cebulę w piórka, marchewkę i pietruszkę w cienkie plasterki, a paprykę w cienkie słupki.
- Dodaj cebulę, marchewkę i pietruszkę do mięsa i smaż razem 5 minut. Zalej wszystko wodą, dodaj lubczyk, przykryj pokrywką i duś 20 minut.
- Po tym czasie dodaj paprykę i przeciśnięty przez praskę czosnek, przykryj ponownie, duś kolejne 15 minut. Przed podaniem posyp koperkiem i szczypiorkiem.

Składniki:

400 g mięsa z indyczego udźca
1 cebula
½ czerwonej papryki
1 marchewka
½ pietruszki
2 ząbki czosnku
1 szklanka wody
1 gałązka świeżego lubczyku (lub ½ łyżeczki suszonego)
1 łyżeczka posiekanego koperku
1 łyżka posiekanego szczypiorku
½ łyżeczki pieprzu
2 łyżeczki słodkiej papryki w proszku
1 łyżka oleju rzepakowego

Przydatne uwagi:

Jeśli sos w trakcie duszenia nadmiernie wyparuje, dodaj wody.
Wersję dla dorosłych możesz dosolić.

PIECZONE UDKA W MIODZIE I SEZAMIE

Liczba porcji: 5

Zanim zaczniesz:

Przygotuj naczynie żaroodporne i rękaw do pieczenia.

Wykonanie:

- Połącz wszystkie składniki marynaty w miseczce.
- Polej mięso marynatą i dokładnie wymieszaj. Odstaw na 30 minut do lodówki, a najlepiej na całą noc.
- Piekarnik nastaw na 200°C z termoobiegiem. Udka z kurczaka wraz z całą marynatą przełóż do folii (tak by leżały obok siebie, a nie na sobie), zamknij ją szczelnie i włóż do naczynia żaroodpornego.
- Piecz przez 45 minut na najniższym poziomie piekarnika, a następnie rozetnij folię i piecz przez kolejne 10–15 minut do zrumienienia. Wyjmij naczynie z piekarnika.

Składniki:

10 udek lub pałek z kurczaka
4 łyżki sezamu
4 łyżki miodu
3 łyżki soku z cytryny
3 łyżki oleju rzepakowego
1 płaska łyżeczka curry w proszku
1 łyżeczka słodkiej papryki w proszku
½ łyżeczki pieprzu
½ łyżeczki imbiru w proszku
½ łyżeczki kurkumy
⅓ łyżeczki kminu rzymskiego

Przydatne uwagi:

Udka lub pałki podawaj z warzywami i ryżem lub ziemniakami.
Małym dzieciom podawaj kawałki kurczaka w paskach lub całą pałkę, usuwając wcześniej skórę.

KURCZAK WE WŁOSKICH SMAKACH

Zanim zaczniesz:

Przygotuj blender i duże naczynie żaroodporne z pokrywą. Obierz ząbki czosnku z połowy główki. Drugą połowę pozostaw w łupinach.

Wykonanie:

- W misce zblenduj wszystkie składniki marynaty (oliwki, suszone pomidory, zioła, przyprawy, ząbki z połowy obranej główki czosnku i oliwę).
- Natrzyj kurczaka marynatą. Pamiętaj, by zrobić to również od środka. Odstaw do lodówki na co najmniej 2 godziny, a najlepiej na całą noc.
- Nastaw piekarnik na 200°C. Wyjmij kurczaka z lodówki i zdejmij nadmiar marynaty. Włóż do środka kurczaka nieobraną połowę główki czosnku. Przełóż mięso do naczynia żaroodpornego i przykryj je. Piecz przez 15 minut w 200°C, a następnie zmniejsz temperaturę do 180°C i piecz przez godzinę. Zdejmij pokrywkę i piecz kolejne 15 minut.

Składniki:

1 kurczak (ok. 1½ kg)
30 zielonych oliwek
20 suszonych pomidorów
10 gałązek oregano (lub 1 łyżka suszonego)
5 gałązek bazylii (lub 1 łyżka suszonej)
1 główka czosnku
6 łyżek oliwy
½ łyżeczki pieprzu

Przydatne uwagi:

Im dłużej będziesz marynować mięso, tym będzie smaczniejsze, dlatego zalecamy trzymanie go w marynacie przez noc.
Możesz upiec mięso kurczaka w rękawie do pieczenia. Ponakłuwaj go w kilku miejscach.
W wersji dla dorosłych do marynaty możesz dodać ½ posiekanej papryczki chili lub ½ łyżeczki ostrej papryki w proszku oraz posolić kurczaka przed nałożeniem marynaty.

GOTOWANE PULPECIKI Z KURCZAKA

Liczba sztuk: 14

Zanim zaczniesz:

Przygotuj duży, szeroki garnek i blender. Siemię lniane możesz zmielić na proszek.

Wykonanie:

- Mięso zblenduj na gładką masę. Cebule drobno posiekaj.
- W misce połącz mięso, posiekaną cebulę i siemię. Całość dokładnie wymieszaj.
- Nabieraj niewielką ilość masy, formuj małe kulki wielkości orzecha włoskiego i obtaczaj je w mące ziemniaczanej.
- W garnku zagotuj bulion. Włóż kuleczki do wrzątku i gotuj na średnim ogniu bez przykrycia, przez 15 minut.
- Podawaj np. z ziemniakami i sosem koperkowym (s. 102) lub z sosem pomidorowym (s. 103).

Składniki:

200 g filetu z piersi kurczaka
2 cebule dymki
1 łyżka siemienia lnianego
2 łyżki mąki ziemniaczanej
½ l bulionu warzywnego (s. 43)

Przydatne uwagi:

Te pulpeciki są idealne na początek rozszerzania diety. Smak możesz modyfikować, dodając do farszu posiekane świeże zioła, np. bazylię czy pietruszkę, oraz starte na małych oczkach warzywa, np. cukinię, marchewkę czy dynię.
Wersję dla dorosłych możesz doprawić solą i pieprzem.

PANIEROWANY DUSZONY SCHAB

Liczba porcji: 4

Zanim zaczniesz:

Przygotuj dużą, głęboką patelnię.

Wykonanie:

- Mięso natrzyj przeciśniętym przez praskę czosnkiem i pieprzem.
- Rozgrzej olej na patelni. Mąkę przesyp na duży płaski talerz, a jajko rozbełtaj w głębokim talerzu.
- Maczaj plastry mięsa w jajku, a następnie w mące. Powtórz tę czynność z każdym kawałkiem mięsa.
- Przełóż mięso na mocno rozgrzaną patelnię i obsmaż z obu stron tylko do zrumienienia, ok. 1 minuty na każdą stronę.
- Zalej mięso wodą, dodaj natkę pietruszki, ziele angielskie, listek laurowy i duś pod przykryciem ok. 15 minut, w połowie tego czasu przewróć mięso na drugą stronę.

Składniki:

4 plastry schabu bez kości
1 jajko
½ szklanki mąki pszennej
½ łyżeczki czarnego pieprzu
2 ząbki czosnku
2 gałązki natki pietruszki
2 ziarna ziela angielskiego
mały listek laurowy
1 szklanka wody
1 łyżka oleju rzepakowego

Przydatne uwagi:

Zachowaj ostrożność przy odwracaniu, by nie oderwać panierki.
W wersji dla rodziców możesz przyprawić mięso szczyptą ostrej papryki i soli.
Mięso możesz podać z ziemniakami i sałatką z buraków (s. 98).

ZAPIEKANKA Z RYŻEM I KURCZAKIEM W MLEKU KOKOSOWYM

Zanim zaczniesz:

Przygotuj duże, niskie naczynie żaroodporne z pokrywką. Ryż opłucz zimną wodą, a następnie wsyp do wrzątku (2 szklanki) i gotuj pod przykryciem na małym ogniu 20 minut.

Wykonanie:

- Brokuł podziel na mniejsze różyczki, przełóż do garnka, zalej wrzątkiem, ugotuj al dente, a następnie odcedź.
- Mięso z kurczaka pokrój w kostkę i posyp curry. Cebulę obierz i pokrój w małą kostkę. Na patelni rozgrzej olej i podsmaż kawałki kurczaka (tylko do momentu, aż mięso się zetnie).
- Przygotuj sos. Imbir obierz i zetrzyj na małych oczkach. Czosnek obierz i przeciśnij przez praskę. Mleko wlej do garnka, wsyp słodką paprykę, dodaj imbir, czosnek, szczyptę pieprzu i zagotuj. Pół szklanki wody wymieszaj z mąką kukurydzianą, a następnie przelej do mleka. Wymieszaj rózgą i ponownie zagotuj. Zdejmij z palnika.
- Ryż przełóż na dno naczynia żaroodpornego, ułóż na nim kawałki kurczaka i różyczki brokułu, a następnie polej wszystko sosem i przykryj.
- Nastaw piekarnik na 180°C z termoobiegiem. Piecz 25 minut na środkowym poziomie.

Składniki:

filet z piersi kurczaka (ok. 500 g)
1 duży brokuł
1 cebula
¾ szklanki ryżu
2 szklanki wody
400 g mleka kokosowego
½ szklanki wody
1 kopiasta łyżka mąki kukurydzianej
2 ząbki czosnku
3 cm imbiru
2 łyżki przyprawy curry w proszku
½ łyżeczki słodkiej papryki w proszku
szczypta pieprzu
2 łyżki oleju kokosowego lub rzepakowego

Przydatne uwagi:

Zapiekankę przed pieczeniem posyp startą mozzarellą. Nie przykrywaj wtedy naczynia podczas pieczenia.
Mąkę kukurydzianą można zastąpić mąką pszenną.
Dorosłym dopraw danie solą.

GULASZ TRADYCYJNY

Liczba porcji: 4

Zanim zaczniesz:

Przygotuj dużą patelnię z pokrywką.

Wykonanie:

- Cebulę i czosnek obierz. Cebulę i paprykę pokrój w małą kostkę. Czosnek przeciśnij przez praskę.
- Mięso pokrój w małą kostkę. Rozgrzej na patelni olej i przełóż mięso. Podsmażaj, aż mięso się zetnie, a następnie dodaj cebulę, paprykę i czosnek. Posyp całość majerankiem i słodką papryką. Wymieszaj.
- Zalej patelnię 2 szklankami wody, dodaj listek laurowy, koncentrat pomidorowy i ponownie wymieszaj.
- Duś pod przykryciem na małym ogniu przez 1½ godziny, często mieszając.
- W ½ szklanki wody rozpuść mąkę. Zalej gotowy gulasz, wymieszaj energicznie i doprowadź do wrzenia. Gotuj 2 minuty, aż sos zgęstnieje.

Składniki:

500 g szynki bez kości
2 cebule
2 papryki czerwone
2 ząbki czosnku
1 łyżeczka suszonego majeranku
1 łyżeczka słodkiej papryki w proszku
1 listek laurowy
2½ szklanki wody
5 kopiastych łyżeczek koncentratu pomidorowego
2 kopiaste łyżki mąki pszennej
2 łyżki oleju rzepakowego do smażenia

Przydatne uwagi:

Gulasz najlepiej smakuje z kaszą jęczmienną i tartymi buraczkami lub sałatką z buraka (s. 98).
W wersji dla dorosłych możesz gulasz doprawić solą i pieprzem do smaku.

PULPECIKI Z KUSKUSEM W SOSIE Z POMIDORÓW

Liczba sztuk: 16

Zanim zaczniesz:

Kuskus przesyp na głęboki talerz i zalej wrzącą wodą (⅓ szklanki). Pozostaw na 5 minut. Pomidory natnij, sparz gorącą wodą i obierz.
Bazylię i suszone pomidory posiekaj. Przygotuj dużą patelnię.

Wykonanie:

- Mięso przełóż do miski. Cebulę obierz, drobno posiekaj i dodaj do miski. Wsyp kuskus, jajko, bazylię, suszone pomidory, szczyptę pieprzu i całość wymieszaj rękoma na jednolitą masę.
- Na dużej patelni rozgrzej olej. Dłonie zwilż wodą, nabieraj niewielką ilość masy, formuj małe kulki i układaj na rozgrzanej patelni.
- Obsmażaj z dwóch stron tylko do zrumienienia.
- Przygotuj sos: pomidory bez skóry pokrój na mniejsze cząstki, a następnie zmiksuj na krem. Zalej klopsiki sosem z pomidorów i gotuj pod przykryciem na małym ogniu 25 minut. W połowie gotowania przewróć pulpety na drugą stronę.

Składniki:

Pulpeciki:

400 g mięsa mielonego wieprzowego
⅓ szklanki surowego kuskusu
⅓ szklanki wody
1 jajko
1 mała cebula
20 listków bazylii
3 pomidory suszone
szczypta pieprzu
3 łyżki oleju rzepakowego

Sos:

6 dużych pomidorów

Przydatne uwagi:

Pulpeciki możesz podać z makaronem, np. penne lub świderkami. Wersję dla dorosłych możesz doprawić solą.

SAŁATKA Z BURAKA PEŁNA WITAMIN

Liczba porcji: 4

Zanim zaczniesz:

Buraki ugotuj w skórce do miękkości. Ostudź i obierz ze skórki. Obierz cebulę. Przygotuj tarkę z grubymi oczkami i dużą miskę.

Wykonanie:

- Buraki zetrzyj na grubych oczkach. Paprykę przepołów, pozbaw gniazda nasiennego i pokrój w drobną kostkę. Ogórki i cebulę również pokrój w drobną kostkę.
- Połącz ze sobą wszystkie warzywa i dodaj do nich oliwę i sok z cytryny. Wymieszaj, by składniki się połączyły.

Składniki:

4 czerwone buraki
1 czerwona papryka
3 ogórki kiszone
¼ cebuli
1 łyżeczka soku z cytryny
2–3 łyżki oliwy

Przydatne uwagi

Sałatkę dobrze jest zrobić co najmniej godzinę przed posiłkiem, by warzywa puściły soki, a smaki przegryzły się. Możesz również wykonać ją dzień przed podaniem.
By zaostrzyć smak potrawy, możesz w wersji dla dorosłych przyprawić ją solą i pieprzem i wkroić więcej cebuli.

SURÓWKA Z JABŁKA I MARCHEWKI

Liczba porcji: 4

Zanim zaczniesz:

Rodzynki zalej gorącą wodą, namocz przez 15 minut, a następnie odcedź. Przygotuj tarkę.

Wykonanie:

- Jabłka obierz, zetrzyj na dużych oczkach tarki, a następnie skrop sokiem z cytryny.
- Marchew obierz i zetrzyj na małych oczkach tarki.
- W misce połącz: starte jabłka, marchew i rodzynki. Plaster ananasa pokrój na małe kawałki i dodaj do surówki. Całość wymieszaj.

Składniki:

2 słodkie jabłka
1 marchewka
2 łyżki rodzynek
1 łyżka soku z cytryny

opcjonalnie:

plaster ananasa

Przydatne uwagi:

Podawaj jako dodatek do dań obiadowych, np. do burgerów rybnych (s. 80) lub panierowanego duszonego schabu (s. 92).

LECZO Z CIECIERZYCĄ

Liczba porcji: 5

Zanim zaczniesz:

Zalej ciecierzycę wodą, namocz minimum 12 godzin, a następnie odlej wodę, przesyp ziarna do garnka i zalej świeżą wodą do 1 cm nad poziomem ziaren. Gotuj pod przykryciem 1 godzinę, a następnie odsącz. Sparz pomidory i obierz je ze skórki. Obierz cebulę, cukinię, czosnek. Przygotuj duży garnek.

Składniki:

1 szklanka ciecierzycy
1 papryka czerwona
1 cukinia
1 cebula
2 ząbki czosnku
4 duże pomidory
½ szklanki bulionu (s. 43) lub wody
1 łyżka oleju rzepakowego do smażenia

Wykonanie:

- Cebulę i paprykę pokrój w kostkę. W dużym garnku rozgrzej olej, przesyp cebulę i paprykę, lekko podsmaż, a następnie duś pod przykryciem 5 minut.
- Do podduszonych warzyw dodaj ugotowaną ciecierzycę, pokrojoną w kostkę cukinię, pomidory oraz przeciśnięty przez praskę czosnek.
- Zalej warzywa bulionem lub wodą. Duś pod przykryciem 25 minut, co jakiś czas mieszając.

Przydatne uwagi:

Jeśli robisz leczo z młodej cukinii, nie musisz jej obierać. Gdy warzywa pokroisz w większe i dłuższe kawałki, potrawa idealnie nada się dla małych dzieci.
W wersji dla dorosłych potrawę możesz dosolić na talerzu.

KLASYCZNY BESZAMEL

(do zapiekanek z makaronem, ryżem, ziemniaczanych, do lazanii, jako baza do innych sosów)

Zanim zaczniesz:

Przygotuj garnek i rózgę.

Wykonanie:

- W garnku rozpuść masło, dodaj mąkę i mieszaj rózgą, aż powstanie gładka, pieniąca się masa.
- Wlej mleko, cały czas energicznie mieszaj, aby nie powstały grudki.
- Wsyp gałkę muszkatołową, pieprz i sól. Gotuj na średnim ogniu, cały czas mieszając, przez ok. 3 minuty, aż sos zacznie wrzeć.
- Zalej gorącym sosem zapiekankę lub lazanię i wstaw do piekarnika.

Składniki:

2 łyżki mąki pszennej
2 łyżki zimnego masła
2 szklanki krowiego mleka
⅓ łyżeczki gałki muszkatołowej
⅓ łyżeczki białego pieprzu
opcjonalnie: **szczypta soli**

Przydatne uwagi:

W wersji dla dorosłych możesz doprawić sos większą ilością soli.

SOS KOPERKOWY

(do ziemniaków, makaronów, pulpetów rybnych, drobiowych)

Zanim zaczniesz:

Przygotuj garnek i rózgę. Koperek umyj i drobno posiekaj.

Wykonanie:

- W garnku rozpuść masło, dodaj mąkę i mieszaj rózgą, aż powstanie gładka, pieniąca się masa. Uważaj, by nie przypalić mąki.
- Wlej bulion, cały czas energicznie mieszaj, aby nie powstały grudki. Gotuj, aż sos zacznie gęstnieć, co potrwa ok. 3–4 minut.
- Wsyp koperek, dodaj sól i sok z cytryny. Zamieszaj i gotuj 5 minut na średnim ogniu, cały czas mieszając.

Składniki:

2 łyżki mąki pszennej
2 łyżki zimnego masła
1 ½ szklanki zimnego bulionu warzywnego (s. 43)
1 duży pęczek koperku
1 łyżeczka soku z cytryny
opcjonalnie: **szczypta soli**

Przydatne uwagi:

Dorosłym sos możesz doprawić większą ilością soli i pieprzem.

SOS ŚMIETANOWO-ZIOŁOWY

(do dań z makaronem, z kawałkami kurczaka i parmezanem)

Zanim zaczniesz:

Przygotuj szeroką patelnię. Cebulę drobno posiekaj. Czosnek przeciśnij przez praskę.

Wykonanie:

- Na patelni rozpuść masło, dodaj cebulę i zeszklij ją na małym ogniu, a następnie dodaj przeciśnięty czosnek i duś jeszcze chwilę.
- Wlej śmietankę, wsyp zioła, pieprz i sól. Wymieszaj i doprowadź do wrzenia, a następnie zmniejsz temperaturę i gotuj chwilę (cały czas mieszając), aż sos zgęstnieje. Wyłącz palnik.

Składniki:

200 ml słodkiej śmietanki 18%
1 łyżka masła
1 mała cebula
1 mały ząbek czosnku
½ łyżeczki suszonych ziół prowansalskich lub 1 łyżeczka posiekanej natki pietruszki
⅓ łyżeczki pieprzu
opcjonalnie: **szczypta soli**

SOS POMIDOROWY

(do makaronu, pizzy, lazanii, spaghetti bolognese)

Zanim zaczniesz:

Przygotuj małą patelnię i średniej wielkości garnek. Cebulę obierz i drobno posiekaj.

Wykonanie:

- Na patelni rozgrzej olej, dodaj cebulę i zeszklij ją przez ok. 3 minuty. Wyciśnij do niej przez praskę czosnek i duś jeszcze przez minutę.
- Do garnka przelej przecier. Dodaj zioła, pieprz i cebulę z czosnkiem. Wymieszaj i zagotuj sos.

Składniki:

400 ml przecieru pomidorowego
1 mała cebula
2 ząbki czosnku
1 łyżka suszonego oregano
1 łyżka suszonej bazylii
szczypta czarnego pieprzu
2 łyżki oleju rzepakowego

Przydatne uwagi:

Jeśli rozetrzesz suszone zioła w dłoniach, wydobędziesz z nich więcej smaku i aromatu.

SOS SŁODKO-KWAŚNY

(do dań z ryżem, makaronem, kurczakiem)

Liczba porcji: 6

Zanim zaczniesz:

Przygotuj dużą patelnię z pokrywką. Marchewkę i cebulę obierz.

Wykonanie:

- Obie papryki oraz cebulę pokrój w małą kostkę.
- Na patelni rozgrzej olej i wsyp papryki oraz cebulę. Podsmażaj 2 minuty.
- Marchewkę pokrój w małe słupki. Plastry ananasa pokrój na małe kawałki. Daktyle drobno posiekaj. Przesyp wszystko na patelnię, dodaj kukurydzę i wymieszaj. Podsmażaj kolejną minutę.
- Wyciśnij sok z pomarańczy i cytryny. Połącz z sokiem z ananasa i wlej na patelnię.
- Pomidory bez skóry zblenduj na gładki sos i przelej na patelnię. Wymieszaj.
- W szklance połącz wodę z mąką ziemniaczaną i przelej do gotującego się sosu, energicznie mieszając łyżką, aż sos zgęstnieje.
- Zmniejsz ogień i gotuj pod przykryciem 35 minut, co jakiś czas mieszając.

Składniki:

5 pomidorów bez skóry
1 marchewka
½ czerwonej papryki
½ żółtej papryki
½ szklanki ugotowanych ziaren kukurydzy
1 cebula
1 pomarańcza
½ cytryny
5 suszonych daktyli
4 plastry ananasa z puszki plus 1 szklanka soku po ananasach
2 łyżki oleju rzepakowego
2 kopiaste łyżeczki mąki ziemniaczanej
⅓ szklanki wody

opcjonalnie:

2 łyżki syropu daktylowego lub miodu

Przydatne uwagi:

Dodaj 2 łyżki słodziwa, jeśli sos będzie zbyt kwaśny. Dorosłym sos możesz doprawić solą i pieprzem.

Rozdział 4

Desery i podwieczorki

OSŁODZIĆ POPOŁUDNIE

Kochamy desery! Wiadomo. Niestety, kojarzą się one zazwyczaj z niezdrowym cukrem. Takim mówimy stanowcze NIE. Ale nic straconego. W tym rozdziale znajdziecie smaczne słodkości, które nie tylko rozpieszczą Wasze podniebienia, ale również będą stanowić wartościową przekąskę. Jak to możliwe? Otóż proponujemy naturalne zamienniki cukru, łączymy zboża z owocami, odczarowujemy amarantus, oferujemy zdrowsze wersje sklepowych słodkości, czyli… sprawiamy, że desery nie tylko smakują, ale też odżywiają. Czego chcieć więcej! Zapraszamy do naszej krainy słodyczy!

Znajdziecie tu między innymi batoniki zbożowe, ciasta, muffinki, a nawet piękny i pyszny tort.

AROMATYCZNE CIASTECZKA JABŁKOWE

Liczba sztuk: 9

Zanim zaczniesz:

Blachę wyłóż papierem do pieczenia. Przygotuj wysoką miskę i tarkę. Rodzynki zalej gorącą wodą, namocz ok. 10 minut, a następnie odsącz.

Wykonanie:

- Rodzynki drobno posiekaj. Jabłko obierz i zetrzyj na dużych oczkach tarki.
- Do miski wsyp amarantus, płatki owsiane, dodaj starte jabłko, posiekane rodzynki, jajko oraz miód, olej kokosowy i cynamon. Dokładnie wymieszaj.
- Dłonią nabieraj małe porcje ciasta i formuj kulki wielkości orzecha włoskiego.
- Układaj kulki na blaszkę i spłaszczaj delikatnie dłonią, tworząc kształt grubego ciastka.
- Piecz przez ok. 18 minut w 180°C z termoobiegiem, na środkowym poziomie piekarnika. Za pomocą płaskiej szpatułki delikatnie przełóż ciastka na talerz. Podawaj po całkowitym ostygnięciu.

Składniki:

3 łyżki amarantusa ekspandowanego
3 łyżki płatków owsianych górskich
1 jabłko
1 jajko
2 łyżki rodzynek
1 płaska łyżeczka miodu lub syropu daktylowego
⅓ łyżeczki cynamonu
1 łyżka oleju kokosowego

Przydatne uwagi:

Rodzynki możesz zamienić na inne suszone owoce, np. żurawinę. Możesz je dodatkowo posiekać.
Gorące ciasteczka po upieczeniu będą bardzo miękkie, dlatego ważne jest, by chwilę odczekać, aż przestygną.

BISZKOPCIKI WANILIOWE

Liczba sztuk: 14

Zanim zaczniesz:

Nastaw piekarnik na 180°C z grzaniem góra – dół. Blachę wyłóż papierem do pieczenia. Przygotuj mikser. Cukier kokosowy przesiej przez drobne sitko.

Wykonanie:

- Połącz obie mąki i przesiej przez sito.
- Oddziel żółtka od białek. Białka połącz z cukrem i ubij mikserem na sztywną pianę.
- Do ubitej piany powoli wlewaj żółtka, esencję lub ziarenka wanilii i mieszaj łyżką.
- Następnie dodawaj po łyżce mąki, ciągle delikatnie mieszając łyżką (masa powinna być lekka i puszysta).
- Małą łyżeczką nabieraj porcje ciasta i nakładaj na blachę, lekko je wygładzając, tworząc kształt ciasteczka. Zachowuj odstępy, ponieważ biszkopty lekko urosną.
- Piecz przez 10 minut na środkowym poziomie piekarnika.

Składniki:

2 duże jajka
2 kopiaste łyżki mąki pszennej
1 kopiasta łyżka mąki ziemniaczanej
3 krople esencji waniliowej lub ziarenka z ½ laski wanilii
4 łyżeczki cukru kokosowego

Przydatne uwagi:

Cukier kokosowy możesz zastąpić innym ulubionym (np. płynnym słodziwem).

PUSZYSTE BABECZKI BISZKOPTOWE

Liczba sztuk: 6

Zanim zaczniesz:

Nastaw piekarnik na 190°C z grzaniem góra – dół. Przygotuj foremki do babeczek i mikser.

Wykonanie:

- Oddziel żółtka od białek.
- Masło, syrop i żółtka zmiksuj na gładką masę.
- Dodaj do masy mleko, mąkę, proszek do pieczenia i ziarenka wanilii. Zmiksuj do połączenia się składników.
- Ubij białka na sztywną pianę i dodaj je do powstałej masy. Wymieszaj wszystko delikatnie łyżką.
- Przełóż ciasto do foremek do ¾ ich wysokości.
- Piecz na środkowym poziomie piekarnika przez 15–20 minut. Kontroluj stopień zrumienienia.

Składniki:

¾ szklanki mąki pszennej
2 jajka w temperaturze pokojowej
50 g masła w temperaturze pokojowej
4 łyżki mleka
½ łyżeczki proszku do pieczenia
1 laska wanilii
2 łyżki syropu daktylowego

Przydatne uwagi:

Możesz upiec babeczki w foremkach o dowolnym kształcie, np. misiów. Wówczas łapki możesz wykonać, dodając do odrobiny masy karob lub kakao. Nałóż ciemną masę w miejsce łapek i noska i zalej jasnym ciastem resztę foremki.

MINIPĄCZKI SEROWE

Liczba sztuk: 24

Zanim zaczniesz:

Przygotuj mały garnek i miskę.

Wykonanie:

- Do miski włóż serek oraz jajka i dokładnie wymieszaj. Dodaj mąkę i proszek do pieczenia. Wymieszaj na jednolitą, gładką masę.
- Olej wlej do garnka i rozgrzej.
- Małą łyżeczkę zamocz w oleju, a następnie nabierz porcję ciasta i drugą łyżeczką zsuwaj ciasto do tłuszczu. Smaż pączki do zrumienienia, na średnim ogniu, obracając. Od momentu zrumienienia smaż jeszcze około 1 minutę.
- Przełóż na papierowy ręcznik, by odsączyć z nadmiaru tłuszczu. Podawaj posypane cukrem kokosowym.

Składniki:

¾ szklanki serka homogenizowanego (s. 24)
2 jajka
1 niepełna szklanka mąki pszennej
1 łyżeczka proszku do pieczenia
2 szklanki oleju rzepakowego
cukier kokosowy do posypania

Przydatne uwagi:

Nie podawaj dań smażonych na głębokim tłuszczu dzieciom poniżej 2. roku życia.
Możesz użyć też kupnego serka homogenizowanego.
Sprawdź, czy olej jest dobrze rozgrzany, wrzucając kawałek skórki chleba do garnka. Jeśli wypływa i skwierczy, to znak, że możesz smażyć pączki.

CIASTKA MAŚLANE

Liczba sztuk: 25

Zanim zaczniesz:

Masło pokrój w kostkę. Cukier kokosowy przesiej przez drobne sitko.
Blachę wyłóż papierem do pieczenia.
Przygotuj folię spożywczą i wałek oraz foremki do wykrawania ciastek.

Składniki:

1 szklanka mąki orkiszowej lub pszennej plus do podsypywania
100 g zimnego masła
1 żółtko
4 kopiaste łyżki cukru kokosowego

Wykonanie:

- Do miski wsyp mąkę, dodaj żółtko, cukier i masło.
- Zagnieć dłońmi ciasto, aż stanie się gładkie i jednolite.
- Uformuj kulę, owiń ciasto folią spożywczą i wstaw na godzinę do lodówki.
- Wyjmij ciasto z lodówki, na stolnicy posypanej mąką rozwałkuj je na grubość 5 mm.
- Za pomocą foremek wykrawaj ciasteczka i układaj na blasze.
- Piecz przez 10 minut w 180°C z opcją grzania góra – dół, na środkowym poziomie piekarnika. Pozostaw do całkowitego ostygnięcia, a następnie przełóż na talerz.

Przydatne uwagi:

Dodaj płaską łyżeczkę cynamonu lub ziarenka z laski wanilii, a ciastka zmienią smak.

KRUCHE CIASTECZKA OWSIANE

Liczba sztuk: 16

Zanim zaczniesz:

Blachę wyłóż papierem do pieczenia. Przygotuj dużą miskę i blender.

Wykonanie:

- Płatki owsiane i pestki dyni zblenduj (drobno, ale nie na proszek). Przesyp do miski.
- Dodaj mąkę, amarantus, sezam, rodzynki, cynamon i wymieszaj.
- Do miski wbij jajko, dodaj posiekane na kawałki masło i syrop daktylowy lub miód. Wymieszaj rękoma tak, by powstała jednolita, klejąca masa.
- Odrywaj kawałki ciasta, formuj kulki wielkości orzecha włoskiego. Ułóż je na blaszce w małych odstępach i delikatnie spłaszczaj.
- Piecz przez 15–17 minut w 180°C z termoobiegiem na środkowym poziomie piekarnika.

Składniki:

1 szklanka płatków owsianych
1 szklanka mąki pszennej (np. pełnoziarnistej)
3 łyżki amarantusa ekspandowanego
2 łyżki pestek dyni
3 łyżki sezamu
2 łyżki posiekanych rodzynek
1 jajko
100 g miękkiego masła
½ łyżeczki cynamonu
2 łyżki syropu daktylowego lub miodu

Przydatne uwagi:

Jeśli chcesz, by ciastka były słodsze, dodaj jeszcze jedną łyżkę słodziwa.

ZIMOWE CIASTECZKA

Liczba sztuk: 12

Zanim zaczniesz:

Orzechy posiekaj na drobne kawałki lub lekko zblenduj. Rodzynki namocz w gorącej wodzie przez 10 minut, a następnie odcedź je i ostudź. Pomarańczę dokładnie umyj i sparz.
Nastaw piekarnik na 200°C z termoobiegiem i wyłóż blaszkę papierem do pieczenia.

Wykonanie:

- Skórkę z pomarańczy zetrzyj na najdrobniejszych oczkach tarki. Przełóż ją do dużej miski.
- Banana rozgnieć widelcem i dodaj do skórki z pomarańczy. Wsyp do niej również amarantus, orzechy, rodzynki, dodaj miód i przyprawy. Wymieszaj wszystko dokładnie, najlepiej ręką.
- Z masy formuj kulki wielkości orzecha włoskiego, spłaszczaj je na dłoni, tworząc małe ciastka.
- Piecz przez 15 minut.

Składniki:

1 szklanka niesolonych orzeszków ziemnych
1 szklanka amarantusa ekspandowanego
1 dojrzały, duży banan
2 łyżki rodzynek
1 łyżka miodu
1 łyżka otartej skórki z pomarańczy
1 łyżeczka cynamonu
¼ łyżeczki sproszkowanego imbiru
¼ łyżeczki kardamonu

Przydatne uwagi:

Rodzynki możesz wymienić na inne suszone owoce, a miód na syrop daktylowy.

CZEKOLADOWE CIASTECZKA Z KOMOSY

Liczba sztuk: 12

Zanim zaczniesz:

Blachę wyłóż papierem do pieczenia. Przygotuj blender. Komosę wypłucz zimną wodą, wsyp do garnka z wrzątkiem. Gotuj pod przykryciem na bardzo małym ogniu, nie podnosząc pokrywki, przez 15 minut, a następnie ostudź.

Wykonanie:

- Do miski blendera wsyp ostudzoną komosę, pokrojone na kawałki banany, kakao, wiórki kokosowe, proszek do pieczenia. Wlej syrop daktylowy i olej kokosowy.
- Wymieszaj wszystkie składniki blenderem na jednolitą, klejącą się masę (ok. 3 minut).
- Nabieraj duże porcje ciasta łyżką i kładź na blachę, formując płaskie, okrągłe ciasteczka o grubości około 1–2 cm.
- Piecz w 180°C z termoobiegiem, na środkowym poziomie piekarnika, przez 22 minuty. Wystudź na kratce.

Składniki:

½ szklanki komosy
¾ szklanki wody
2 łyżeczki kakao
2 małe banany
3 łyżki wiórków kokosowych
3 łyżki syropu daktylowego
½ łyżeczki proszku do pieczenia
1 łyżka oleju kokosowego

Przydatne uwagi:

Kakao możesz zastąpić karobem. Użyj takich samych proporcji.
Zamocz łyżkę w wodzie przed nabraniem porcji ciasta, będzie lepiej od niej odchodzić.

KRAKERSY SEROWE

Zanim zaczniesz:

Nastaw piekarnik na 220°C z termoobiegiem.
Wyłóż dużą blachę papierem do pieczenia.

Wykonanie:

- Na stolnicę wysyp mąkę. Dodaj do niej amarantus, ser i oregano. Przełóż masło i posiekaj je, a następnie ze wszystkich składników wyrób ciasto, aż będzie elastyczne.
- Podsyp odrobinę mąką i rozwałkuj na grubość ok. 1 cm. Wykrawaj kwadraciki lub trójkąty, a następnie ułóż je na blaszce w niewielkich odstępach. Posyp papryką w proszku.
- Piecz ok. 7 minut. Kontroluj stopień zrumienienia.

Składniki:

2 szklanki mąki pszennej
¼ szklanki amarantusa ekspandowanego
½ szklanki drobno tartego sera żółtego
½ szklanki zimnej wody
60 g zimnego masła
1 łyżka suszonego oregano
1 łyżka słodkiej papryki do posypania

Przydatne uwagi:

Jeśli ciasto przywiera do rąk, dodaj odrobinę mąki.
W wersji dla dorosłych możesz ciasto doprawić 1 łyżeczką soli przed połączeniem składników, a przed pieczeniem posypać krakersy odrobiną ostrej papryki w proszku.

MUFFINKI KOKOSOWO-AMARANTUSOWE

Liczba sztuk: 10

Zanim zaczniesz:

Nastaw piekarnik na 180°C z termoobiegiem. Rozgnieć banana widelcem. Przygotuj 2 niewielkie miski i foremki do muffinek.

Wykonanie:

- W jednej z misek połącz ze sobą składniki suche: amarantus, wiórki kokosowe i sodę.
- Do drugiej miski wbij jajka, dodaj jogurt i banana. Wymieszaj wszystko za pomocą miksera.
- Połącz ze sobą zawartość obu misek i przekładaj ciasto do foremek na muffinki, wypełniając je do ¾ wysokości.
- Piecz muffinki około 17 minut. Kontroluj stopień zrumienienia.

Składniki:

3 szklanki amarantusa ekspandowanego
½ szklanki wiórków kokosowych
2 jajka
1 szklanka jogurtu naturalnego
1 dojrzały banan
1 łyżeczka sody

Przydatne uwagi:

Wiórki kokosowe możesz zastąpić mielonymi migdałami.

MUFFINKI JOGURTOWE

Liczba sztuk: 12

Zanim zaczniesz:

Nastaw piekarnik na 180°C z termoobiegiem.
Przygotuj foremki do muffinek.
Przygotuj dwie miski. Mąki połącz i przesiej.

Wykonanie:

- W jednej misce wymieszaj przesianą mąkę i proszek do pieczenia.
- W drugiej misce wymieszaj rozbełtane jajka, jogurt, olej, syrop, sok z cytryny i esencję waniliową.
- Połącz zawartość obu misek i dokładnie wymieszaj ciasto.
- Za pomocą łyżki nałóż ciasto do foremek (do ¾ wysokości). Na wierzch każdej babeczki nałóż wybrane owoce, np. kilka malin, borówek czy kilka kostek gruszki lub jabłka posypanych cynamonem.
- Piecz ok. 30 minut na środkowym poziomie piekarnika.

Przydatne uwagi:

Zamiast esencji waniliowej możesz dodać ziarenka wyskrobane z połowy laski wanilii.

Składniki:

1 szklanka mąki pszennej
¾ szklanki mąki orkiszowej (np. pełnoziarnistej)
2 jajka
180 g jogurtu naturalnego
½ szklanki oleju kokosowego
⅓ szklanki syropu klonowego lub daktylowego
1 łyżeczka soku z cytryny
½ łyżeczki esencji waniliowej
1 łyżeczka proszku do pieczenia
1 szklanka owoców (malin, truskawek, borówek) lub
1 gruszka lub jabłko pokrojone w kostkę plus cynamon

BABECZKI Z KASZY MANNY

Liczba sztuk: 10

Zanim zaczniesz:

Przesyp kaszę do dużej miski i zalej ją mlekiem. Odstaw na 20 minut.
Obierz jabłko i zetrzyj na grubych oczkach tarki.
Nastaw piekarnik na 180°C z termoobiegiem.
Przygotuj foremki do babeczek.

Wykonanie:

- Do namoczonej kaszy dodaj pozostałe składniki i wymieszaj je za pomocą łyżki.
- Przełóż ciasto do foremek do ¾ ich wysokości.
- Piecz babeczki 20 minut na środkowym poziomie piekarnika, kontrolując stopień ich zrumienienia.

Składniki:

1 szklanka kaszy manny błyskawicznej
¼ szklanki mąki pszennej
1 jajko
½ szklanki mleka
1 jabłko
2 łyżki syropu daktylowego
¼ szklanki oleju kokosowego lub rzepakowego
1 łyżeczka cynamonu
1 łyżeczka proszku do pieczenia

Przydatne uwagi:

Etap namaczania kaszy mlekiem jest bardzo ważny, bo wówczas kasza pęcznieje, nie omijaj go.

MUFFINKI Z NADZIENIEM SERNIKOWYM

Liczba sztuk: 12

Zanim zaczniesz:

Rodzynki namocz w gorącej wodzie przez ok. 10 minut, odcedź. Przygotuj foremki do muffinek, dużą i mniejszą miskę. Nastaw piekarnik na 190°C góra – dół.

Wykonanie:

- W dużej misce wymieszaj suche składniki: mąkę, proszek i cukier kokosowy.
- W mniejszej misce połącz ze sobą mokre składniki: jajka, mleko, olej.
- Połącz zawartość obu misek i wymieszaj wszystko łyżką tylko do momentu połączenia się składników.
- Przygotuj nadzienie. W miseczce połącz ze sobą twaróg, żółtko, syrop i ziarenka z laski wanilii, rozgniatając wszystko widelcem. Dodaj odsączone z wody rodzynki i wymieszaj łyżką.
- Nałóż do foremek po łyżce ciasta, a następnie po łyżeczce nadzienia. Przykryj całość pozostałym ciastem do ¾ wysokości foremki.
- Piecz muffinki na środkowym poziomie piekarnika przez 20 minut.

Przydatne uwagi:

Przepis na syrop daktylowy znajdziesz w naszej pierwszej książce na s. 202.

Składniki:

2 szklanki mąki orkiszowej lub pszennej
1 szklanka mleka
2 jajka plus 1 białko
½ szklanki oleju kokosowego lub rzepakowego
1½ łyżeczki proszku do pieczenia
2 łyżki cukru kokosowego lub syropu daktylowego

Nadzienie:

200 g twarogu półtłustego
1 żółtko
1 laska wanilii
1 łyżka rodzynek
1 łyżka syropu daktylowego

PROSTA TARTA Z KREMEM MASCARPONE I OWOCAMI

Zanim zaczniesz:

Przygotuj mikser, formę do tarty o średnicy ok. 24 cm, papier do pieczenia, wałek. Cukier kokosowy zmiel na puder lub przesiej przez drobne sitko.

Wykonanie:

Spód:

- Mąkę przesiej przez sito. Masło drobno posiekaj. Przełóż mąkę, masło i 2 łyżki cukru kokosowego do szerokiej, dużej miski i wymieszaj mikserem, by powstały okruszki. Dodaj jajko i jeszcze chwilę miksuj, a następnie zagnieć ciasto dłońmi na jednolitą masę i uformuj z niej kulę.
- Przełóż kulę między złożony arkusz papieru do pieczenia, lekko spłaszcz i włóż do lodówki na 30 minut.
- Nastaw piekarnik na 180°C z grzaniem góra – dół.
- Rozłóż papier i rozwałkuj na nim ciasto na grubość ½ cm. Przełóż ciasto delikatnie do formy na tartę i wyłóż nim spód i boki. Spód nakłuj w wielu miejscach widelcem.
- Piecz ciasto około 20–25 minut (aż się zrumieni) na środkowym poziomie piekarnika, a następnie wyjmij i pozostaw do całkowitego ostygnięcia.

Składniki:

Spód:

1 ¾ szklanki mąki pszennej
150 g zimnego masła
1 jajko
2 łyżki cukru kokosowego
szczypta soli

Krem:

100 g schłodzonego mascarpone
200 g słodkiej śmietanki 30%
4 krople esencji waniliowej
1 łyżka cukru kokosowego

wybrane sezonowe owoce, np. truskawki i borówki

Krem:

- Schłodzoną śmietanę przelej do miski, dodaj 1 łyżkę cukru kokosowego i ubij mikserem na sztywno.
- Dodaj mascarpone, esencję waniliową i ponownie miksuj przez chwilę. Przełóż krem na ostudzony spód tarty.

Owoce:

- Mniejsze, np. borówki, połóż w całości na kremie, większe, np. truskawki, pokrój.
- Schładzaj tartę w lodówce przez minimum 1 godzinę przed podaniem.

Przydatne uwagi:

Krem z mascarpone idealnie pasuje do nieco kwaśnych owoców, jak np. maliny. Spód tarty możesz posmarować masą budyniową (np. puddingiem daktylowym ze s. 136).
Tartę możesz przygotować dzień wcześniej i przechowywać w lodówce. Dzięki temu spód ciasta zmięknie i tarta będzie jeszcze smaczniejsza.

ZAPIEKANY DESER Z CZEREŚNIAMI

Zanim zaczniesz:

Umyj i wydryluj czereśnie. Nastaw piekarnik na 200°C z termoobiegiem.

Wykonanie:

- Do dużej miski wbij jajka, dodaj mąkę, płatki owsiane, mleko i syrop daktylowy. Połącz wszystkie składniki za pomocą miksera.
- Wysmaruj okrągłą blaszkę (28 cm) olejem kokosowym. Przełóż na nią czereśnie i zalej je ciastem.
- Wstaw do piekarnika i piecz przez 10 minut na środkowym poziomie piekarnika, następnie otwórz piekarnik i posyp cały deser płatkami migdałowymi.
- Zmniejsz temperaturę do 180°C i piecz deser jeszcze przez 30 minut.

Składniki:

2 szklanki czereśni
1 szklanka mleka
3 jajka
1 szklanka mąki orkiszowej lub pszennej
2 łyżki płatków owsianych
1 łyżka oleju kokosowego
1 łyżka syropu daktylowego
4 łyżki płatków migdałowych do posypania deseru

Przydatne uwagi:

Do deseru możesz użyć innych owoców, np. śliwek lub wiśni. Do pieczenia tego deseru idealnie sprawdza się blaszka do tarty.

JAGLANY BANANOWIEC

Zanim zaczniesz:

Rodzynki zalej gorącą wodą i odstaw na 10 minut, a następnie odcedź.
Rozgrzej patelnię bez tłuszczu i przesyp na nią kaszę. Praż ją przez 3 minuty, co jakiś czas poruszając patelnią, a następnie przesyp kaszę na sitko i dokładnie wypłucz w gorącej wodzie. Zagotuj wodę z mlekiem i dodaj do nich kaszę. Zagotuj ponownie, przykryj i gotuj na najmniejszym ogniu przez 18 minut, nie podnosząc pokrywki. Ostudź kaszę.
Blaszkę o wymiarach około 27×17 cm wyłóż papierem do pieczenia.
Przygotuj miskę.

Składniki:

¾ szklanki kaszy jaglanej
1 szklanka mleka
1 ¼ szklanki wody
2 jajka
1 laska wanilii
3 dojrzałe banany
¼ szklanki zmielonych orzechów ziemnych bez soli
3 łyżki oleju
2 łyżki rodzynek

Wykonanie:

- Nastaw piekarnik na 180°C z termoobiegiem.
- Oddziel białka od żółtek. Banany rozgnieć widelcem. Laskę wanilii przetnij wzdłuż nożem i za pomocą łyżeczki zeskrob jej ziarna.
- Przełóż kaszę do miski. Dodaj do niej ziarna wanilii, żółtka, mielone orzechy, rodzynki i olej. Wymieszaj wszystko za pomocą miksera lub łyżki.
- Ubij białka na sztywną pianę i dodaj do jaglanej masy. Wymieszaj całość delikatnie łyżką i wyłóż na blaszkę. Piecz na środkowym poziomie piekarnika przez 45 minut.

Przydatne uwagi:

Po upieczeniu ciasto ma brązowy wierzch, ale jest miękkie w środku. Jeśli chcesz, by było bardziej zwarte, dodaj do niego 3 łyżki mąki pszennej. Orzechy możesz zamienić na migdały lub wiórki kokosowe.

TORT MALINOWY

Liczba porcji: 16

Zanim zaczniesz:

Przygotuj mikser i sito do przesiewania.
Spód tortownicy (25 cm) wyłóż papierem do pieczenia.

Wykonanie:

Biszkopt:

- Mąkę, kakao i proszek do pieczenia wymieszaj i przesiej do miseczki. Osobno przesiej również cukier kokosowy i odstaw.
- W dużej, szerokiej misce ubij białka na sztywną pianę. Do ubitych białek dodawaj stopniowo cukier kokosowy, po jednej łyżce, cały czas miksując, a następnie po jednym żółtku, wciąż mieszając mikserem. Ubijaj jeszcze chwilę, tak by masa była puszysta i jednolita.
- Do ubitej masy powoli, partiami przesypuj przesianą mąkę z kakao i proszkiem, mieszając delikatnie drewnianą lub silikonową łopatką. Zanurzaj łopatkę głęboko i podnoś, dostarczając masie cały czas powietrza. Powoli mieszaj i dodawaj kolejne partie.
- Nastaw piekarnik na 160°C z termoobiegiem. Przelej delikatnie całą masę do wcześniej przygotowanej tortownicy, wyrównaj powierzchnię i piecz na środkowym poziomie piekarnika przez ok. 35 minut.

Składniki:

Biszkopt:

6 jajek w temperaturze pokojowej (osobno białka i żółtka)
6 kopiastych łyżek mąki pszennej tortowej (trochę więcej niż ¾ szklanki)
4 łyżki kakao
1 płaska łyżeczka proszku do pieczenia
¾ szklanki cukru kokosowego

Krem:

900 ml mocno schłodzonej śmietany kremówki 30%
9 łyżek syropu klonowego lub daktylowego czy miodu
3 łyżeczki żelatyny
6 łyżek wrzątku

Ponadto:

3 szklanki świeżych malin
¾ szklanki ostudzonej herbaty Rooibos
6 łyżek konfitury z czarnej porzeczki

- Sprawdź drewnianym patyczkiem, czy ciasto jest gotowe (patyczek będzie wtedy suchy).
- Wyjmij blachę z piekarnika i zrzuć na podłogę z wysokości swoich kolan. Dzięki temu biszkopt nie opadnie, a jedynie „odgazuje się".
- Podnieś formę, delikatnie wyjmij biszkopt, połóż go spodem do góry na arkuszu papieru do pieczenia i poczekaj, aż całkiem ostygnie.
- Wystudzony biszkopt przekrój struną lub nożem na 3 równe blaty.

Krem:

Przygotuj krem z bitej śmietany w 3 równych porcjach na każdy z blatów.

- Do szklanki wsyp 1 łyżeczkę żelatyny, dodaj 2 łyżki wrzątku, wymieszaj i pozostaw do ostygnięcia (raz na jakiś czas zamieszaj, by nie powstały grudki).
- Do szerokiej miski wlej 300 ml mocno schłodzonej śmietany. Ubijaj na dużych obrotach na krem. Gdy będzie już sztywna, dodaj 3 łyżki wybranego słodziwa, np. syropu klonowego, i mieszaj dalej mikserem. Powoli wlewaj ostudzoną (nie zimną) żelatynę, wymieszaj mikserem i wstaw miskę do lodówki.

(Przepis na jedną porcję – powtórz go jeszcze dwukrotnie w oddzielnych miskach i przechowuj w lodówce wszystkie 3 porcje. Jeśli dysponujesz odpowiednio dużą miską, możesz spróbować zrobić od razu krem z całości składników).

Tort:

- Każdy z blatów biszkoptu połóż oddzielnie i obficie skrop herbatą. Wykorzystaj całą zaparzoną porcję.

Dalsza część przepisu na następnej stronie ▶

TORT MALINOWY C.D.

- Zadecyduj, na czym tort będzie stał. Umieść pierwszy blat biszkoptu, np. na paterze, i posmaruj go 3 łyżkami konfitury oraz pierwszą porcją kremu. Na powierzchni kremu układaj maliny (wykorzystaj 1 szklankę owoców). Układaj je bokiem i dociskaj, tak by choć do połowy były zanurzone w kremie.
- Przykryj drugim blatem i rozprowadź na nim 3 łyżki konfitury, drugą porcję kremu, ponownie nałóż 1 szklankę malin.
- Przykryj trzecim blatem. Posmaruj go ostatnią porcją kremu i udekoruj pozostałymi malinami. Boki tortu pozostaw odkryte.
- Wstaw tort do lodówki i pozostaw tam na minimum 4 godziny, zanim podasz go gościom.

Przydatne uwagi:

Pamiętaj, żeby mąkę z kakao i proszkiem dodawać do masy naprawdę powoli, aby dobrze się napowietrzyła.
Owoce możesz wymienić np. na truskawki, borówki lub wiśnie.
Górę tortu możesz udekorować również listkami melisy lub mięty.
Podczas nakładania śmietany trzeba działać szybko, by krem nie zaczął się rozpływać. Po umieszczeniu tortu w lodówce masa na pewno zesztywnieje.
Tort można w całości przygotować dzień wcześniej i przechowywać w lodówce do 2–3 dni.

BATONY KOKOSOWE

Liczba sztuk: 12

Zanim zaczniesz:

Przygotuj miskę, papier do pieczenia i mały garnek. Płatki migdałowe zmiel na mąkę. Daktyle bardzo drobno posiekaj.

Wykonanie:

- Mleko zagotuj w małym garnku. Kaszę jaglaną wypłucz w gorącej wodzie i wsyp do wrzątku, dodaj posiekane daktyle i gotuj pod przykryciem na bardzo małym ogniu przez 20 minut. Przełóż kaszę do miski i pozostaw do ostygnięcia.
- Do ostudzonej kaszy dodaj zmielone płatki migdałowe i wiórki kokosowe. Wymieszaj całość łyżką, tak by powstała jednolita masa. Z małej porcji kaszy uformuj batoniki o wymiarach ok. 6 cm długości, 3 cm szerokości i 1½ cm wysokości.
- Płaski, duży talerz lub deskę wyłóż papierem do pieczenia. Układaj batoniki na papierze do pieczenia, zachowując odstępy.
- Przygotuj polewę. Do małego garnka wlej olej kokosowy, syrop daktylowy lub klonowy, mleko kokosowe, wsyp kakao i wymieszaj. Podgrzej na małym ogniu. Cały czas mieszając, doprowadź do wrzenia i natychmiast zdejmij z ognia.
- Zanurzaj pojedynczo batoniki w garnku z polewą, delikatnie przewracając, tak by batonik został oblany polewą z każdej strony.
- Czekoladowe batoniki odłóż na talerz, a następnie schładzaj przez minimum 1 godzinę w lodówce.

Składniki:

Batoniki:

1 szklanka mleka kokosowego
4 łyżki kaszy jaglanej
3 daktyle suszone
4 łyżki wiórków kokosowych
4 łyżki płatków migdałowych

Polewa:

1 łyżka naturalnego kakao
3 łyżki płynnego oleju kokosowego
2 łyżki mleka kokosowego
2 łyżki syropu daktylowego lub klonowego

Przydatne uwagi:

Przechowuj batoniki w lodówce. Jeśli chcesz, by były słodsze, dodaj do ugotowanej kaszy łyżkę wybranego słodziwa.

PEŁNOZIARNISTE BATONIKI

Liczba sztuk: 20

Zanim zaczniesz:

Kaszę przepłucz w gorącej wodzie, a następnie wsyp do wrzątku. Gotuj pod przykryciem, na najmniejszym ogniu, nie mieszając, przez ok. 18 minut. Ugotowaną kaszę odcedź, przełóż na talerz i pozostaw do ostygnięcia.

Wykonanie:

- Słonecznik, orzechy i pestki dyni zmiel drobno w blenderze. Przesyp do dużej miski.
- Dodaj ostudzoną kaszę, amarantus, sezam, miód i olej kokosowy. Dokładnie wymieszaj całość na jednolitą, zwartą masę.
- Blachę wyłóż papierem do pieczenia. Przełóż masę na blachę, a następnie wygładź ją, formując kwadrat o grubości ok. 1½ cm.
- Piecz przez 25 minut w 180°C z termoobiegiem, na środkowym poziomie piekarnika. Pokrój na małe prostokąty po całkowitym ostygnięciu.

Składniki:

3 łyżki kaszy jaglanej
1 szklanka wody
1 szklanka amarantusa ekspandowanego
1 szklanka łuskanego słonecznika
½ szklanki łuskanych orzechów włoskich
¼ szklanki pestek dyni
¼ szklanki sezamu
4 łyżki miodu
2 łyżki oleju kokosowego

Przydatne uwagi:

Miód możesz zastąpić syropem klonowym.
Orzechy włoskie możesz zamienić na inne.

CZEKOLADA Z BAKALIAMI

Liczba sztuk: 1

Zanim zaczniesz:

Przygotuj prostokątny pojemnik wielkości tabliczki czekolady, np. małą keksówkę. Wyłóż spód i boki papierem do pieczenia.

Wykonanie:

- Do pojemnika przesyp amarantus, żurawinę i orzechy. Wymieszaj.
- W małym garnuszku rozpuść olej kokosowy, dodaj kakao i słodziwo. Mieszaj ok. 3 minut na małym ogniu, a następnie przelej masę do pojemnika, aby przykryła bakalie.
- Wstaw pojemnik do zamrażalnika na minimum 2 godziny. Wyjmij czekoladę, oddziel od papieru do pieczenia i podziel na kawałki. Przechowuj w lodówce.

Składniki:

4 łyżki naturalnego kakao
½ szklanki oleju kokosowego
2 łyżeczki miodu lub syropu daktylowego
2 łyżeczki amarantusa ekspandowanego lub pokruszonych płatków migdałowych
2 łyżki posiekanej drobno suszonej żurawiny
1 łyżka orzechów laskowych

Przydatne uwagi:

Bazą czekolady jest olej kokosowy i kakao. Pozostałe składniki możesz zmieniać bez ograniczeń. Dodaj np. rodzynki, migdały, kuleczki granatu, kawałki wiśni bez pestek, maliny lub inne małe owoce. Orzechy możesz pokruszyć na mniejsze kawałki.

DAKTYLOWY PUDDING

Liczba porcji: 2

Zanim zaczniesz:

Przygotuj mikser i mały garnek.

Wykonanie:

- ¼ szklanki mleka, żółtka, mąkę i syrop daktylowy zmiksuj w dużej misce.
- W garnku roztop masło, dodaj do niego pozostałe mleko. Przekrój wzdłuż laskę wanilii i zeskrob z niej ziarenka. Wraz z pustą laską dodaj je do mleka. Poczekaj, aż mleko się zagotuje.
- Wyłącz palnik i wyjmij laskę wanilii. Gorące mleko z masłem przelej do masy w misce i zamieszaj rózgą. Całość przelej ponownie do garnka i zagotuj, mieszaj cały czas rózgą (by nie powstały grudki).
- Pokrój banana w plasterki. Przelej gotowy pudding do miseczek i ozdób plasterkami banana.

Składniki:

1 szklanka mleka
2 żółtka
2 kopiaste łyżki mąki pszennej
2 łyżki syropu daktylowego
50 g masła
½ laski wanilii
1 banan

Przydatne uwagi:

Jeśli nie chcesz używać masła, możesz zamienić je na olej kokosowy.
Banany możesz zastąpić innymi owocami, np. truskawkami lub malinami.
Przepis na syrop daktylowy znajdziesz w naszej pierwszej książce na s. 202.

ORZECHOWE NALEŚNIKI Z TWAROGIEM

Liczba sztuk: 6

Zanim zaczniesz:

Przygotuj mikser, dużą miskę i patelnię do naleśników. Rodzynki zalej gorącą wodą, odstaw na 10 minut, a następnie odcedź.

Wykonanie:

- Do miski wlej mleko. Dodaj mąkę, jajko, olej, orzechy i sezam. Zmiksuj wszystko. Odstaw ciasto na 30 minut.
- Rozgrzej patelnię posmarowaną olejem i smaż naleśniki z obu stron do zrumienienia.
- Przygotuj nadzienie. W misce rozgnieć twaróg widelcem. Gruszkę obierz i zetrzyj na drobnych oczkach.
- Dodaj do twarogu gruszkę, rodzynki, miód i wymieszaj wszystko dokładnie.
- Posmaruj naleśniki nadzieniem i zwiń w dowolny sposób.

Składniki:

Ciasto:

1 ¼ szklanki mleka
1 szklanka mąki pszennej lub orkiszowej
1 jajko
2 łyżki mielonych orzechów włoskich
1 łyżka sezamu
1 łyżka oleju kokosowego lub innego plus do posmarowania patelni

Nadzienie:

150 g twarogu półtłustego
½ słodkiej gruszki
1 łyżka rodzynek

opcjonalnie:

1 łyżka miodu

Przydatne uwagi:

Gruszka w wystarczający sposób dosładza nadzienie. Miód dodaj tylko wtedy, jeśli preferujesz naprawdę bardzo słodkie dania.

NALEŚNIKI Z KASZY MANNY

Liczba sztuk: 4

Zanim zaczniesz:

Przygotuj mikser, dużą miskę i patelnię do naleśników.

Wykonanie:

- Do miski wlej mleko. Laskę wanilii przetnij wzdłuż, zeskrob nożem ziarenka i przełóż je do mleka. Dodaj do niego kaszę mannę, mąkę, jajko, olej i zmiksuj wszystko. Odstaw na co najmniej 30 minut.
- Rozgrzej patelnię posmarowaną olejem i smaż naleśniki z obu stron do zrumienienia.
- Naleśniki możesz nadziać dowolnym farszem.

Składniki:

1 szklanka mleka
⅔ szklanki kaszy manny
1 jajko
1 laska wanilii
1 łyżka oleju kokosowego lub innego plus do natłuszczenia patelni

opcjonalnie:

1 łyżka mąki pszennej

Przydatne uwagi:

Przewracaj naleśniki delikatnie i pamiętaj, by nie smażyć ich w zbyt wysokiej temperaturze.

LODY ŚMIETANKOWO--MALINOWE

Liczba porcji: 5

Zanim zaczniesz:

Przygotuj foremki na lody i blender kielichowy.

Składniki:

¾ szklanki mleka
1 szklanka słodkiej śmietanki 30%
1 szklanka malin
5 suszonych daktyli
½ laski wanilii

Wykonanie:

- Do garnka wlej mleko. Daktyle drobno posiekaj, a następnie wsyp je do mleka. Przekrój wzdłuż laskę wanilii i przełóż ją do garnka. Całość doprowadź do wrzenia, a następnie zmniejsz temperaturę do minimum i gotuj przez 8 minut.
- Wyjmij z garnka laskę wanilii i zostaw mleko z daktylami do ostygnięcia.
- Do kielicha blendera wlej ostudzone mleko z daktylami, śmietanę oraz maliny. Blenduj całość przez 5 minut, aż do uzyskania gładkiej, puszystej konsystencji.
- Przełóż masę do foremek na lody i włóż do zamrażarki na kilka godzin.

Przydatne uwagi:

Lody śmietankowe możesz komponować także z innymi owocami, np. truskawkami, mango, wiśniami. Ciekawe połączenie wychodzi również z orzechami i awokado. Jeśli lubisz bardzo słodkie lody, możesz przed zamrożeniem posłodzić masę 2 łyżkami syropu daktylowego lub miodem.

SORBET TRUSKAWKOWY Z BAZYLIĄ

Liczba porcji: 4

Zanim zaczniesz:

Umyj truskawki i pozbaw je szypułek. Oderwij listki z łodyg bazylii. Przygotuj blender i foremki do lodów na patyku.

Składniki:

½ kg truskawek
2 gałązki bazylii
1 łyżka miodu

Wykonanie:

- Przełóż truskawki do blendera i zblenduj je na mus.
- Posiekaj drobno listki bazylii.
- Dodaj bazylię i miód do musu truskawkowego. Wymieszaj wszystko łyżką i przelej do foremek.
- Zamrażaj co najmniej 3 godziny.

Przydatne uwagi:

Sorbet możesz zamienić w lody o kremowej konsystencji, dodając do truskawek gęstą część mleka kokosowego.

Rozdział 5

Kolacje

SMACZNIE ZAKOŃCZYĆ DZIEŃ

Kolacja – czas, gdy wszyscy członkowie rodziny wrócili do domu i można zjeść WSPÓLNY posiłek. Jedząc razem kolację, możecie podzielić się wrażeniami minionego dnia, zaplanować kolejny. Podzielić się swoimi radościami i troskami. Zakończcie ten dzień w rodzinnej atmosferze, jedząc lekkostrawny posiłek.

W tym rozdziale proponujemy dania zbożowe, warzywne, na ciepło i na zimno, słodkie i wytrawne. Większość z nich zrobicie ekspresowo, bo komu by się chciało stać przy garach po całym dniu. Szybko wykonane danie nie ujmuje mu przecież wartości. Zatem zapraszamy do WSPÓLNEJ kolacji. Jak minął dzień?

BANANOWY BUDYŃ Z KOMOSY

Liczba porcji: 3

Składniki:

½ szklanki wody
¾ szklanki mleka
½ szklanki komosy białej
1 banan
1 laska wanilii
1 łyżka oleju kokosowego
szczypta kardamonu
szczypta cynamonu

Zanim zaczniesz:

Wypłucz komosę w zimnej wodzie.

Wykonanie:

- Do garnka wlej wodę i mleko. Laskę wanilii przekrój wzdłuż, zeskrob ziarenka i dodaj do garnka wraz z pustą laską. Doprowadź płyn do wrzenia.
- Do gotującego się płynu wsyp komosę. Zagotuj, przykryj i gotuj przez 15 minut, nie podnosząc pokrywki.
- Wyjmij pustą laskę wanilii z garnka. Rozgnieć widelcem banana i dodaj go do garnka wraz z olejem i przyprawami. Zblenduj całość na gładki budyń.

Przydatne uwagi:

Dziecku powyżej 1. roku życia budyń możesz osłodzić miodem. Pamiętaj, że nim go dodasz, budyń musi ostygnąć.

JAGLANKA Z PRAŻONYMI MIGDAŁAMI I MIODEM

Liczba porcji: 2

Zanim zaczniesz:

Przygotuj sitko i mały garnek z pokrywką.

Wykonanie:

- Wodę połącz z mlekiem i doprowadź do wrzenia. Kaszę przesyp na sito i wypłucz dwukrotnie w gorącej wodzie. Wrzuć do wrzątku.
- Gotuj pod przykryciem na bardzo małym ogniu, nie podnosząc pokrywki, przez ok. 18 minut, aż do całkowitego wchłonięcia wody.
- Płatki migdałowe pokrusz w dłoniach, przesyp na suchą patelnię i praż do momentu, aż lekko zbrązowieją.
- Ciepłą, lecz nie gorącą kaszę polej miodem i posyp prażonymi płatkami migdałowymi.

Składniki:

½ szklanki kaszy jaglanej
1 szklanka wody
½ szklanki mleka
2 łyżki płatków migdałowych
1 płaska łyżeczka miodu

Przydatne uwagi:

Zamiast miodu możesz dodać rozgniecionego banana. Wtedy danie to możesz podać dziecku już od początku rozszerzania diety.

KOKOSOWA KASZA JAGLANA

Liczba porcji: 2

Składniki:

4 łyżki kaszy jaglanej
1 szklanka mleka kokosowego
3 suszone daktyle
3 łyżeczki wiórków kokosowych
3 łyżeczki zmielonych płatków migdałowych

Zanim zaczniesz:

Przygotuj sitko i mały garnek z pokrywką.
Kaszę wypłucz dwukrotnie w gorącej wodzie. Daktyle drobno posiekaj.

Wykonanie:

- W garnku zagotuj mleko, a następnie wsyp kaszę i daktyle.
- Gotuj pod przykryciem, na najmniejszym ogniu (nie podnoś pokrywki i nie mieszaj kaszy podczas gotowania) przez 20 minut.
- Do ciepłej (lecz nie gorącej) kaszy dodaj wiórki kokosowe i zmielone płatki migdałowe. Delikatnie wymieszaj.

Przydatne uwagi:

Mleko kokosowe powinno mieć rzadką, płynną konsystencję.
Z bardzo ciepłej kaszy możesz formować kuleczki. Wydzielaj łyżką porcje i za pomocą zwilżonych wodą dłoni formuj małe kuleczki wielkości orzeszka. Podawaj na ciepło lub na zimno. Dopasuj wielkość kulek do małych rączek dziecka.

SŁODKA KOMOSA

Liczba porcji: 1

Zanim zaczniesz:

Przygotuj sitko i mały garnek z pokrywką.

Wykonanie:

- Mleko wlej do garnka i zagotuj.
- Komosę wypłucz zimną wodą, wsyp do garnka.
- Gotuj pod przykryciem na bardzo małym ogniu, nie podnosząc pokrywki, przez 15 minut, a następnie odsącz z nadmiaru mleka.
- Banana rozgnieć widelcem i wymieszaj z ciepłą komosą. Podaj komosę posypaną malinami lub borówkami.

Składniki:

¼ szklanki komosy
½ szklanki mleka
½ banana

opcjonalnie:

5–6 malin lub borówek

Przydatne uwagi:

Komosa to pyszne, bezglutenowe źródło pełnowartościowego białka. Warto ją spożywać już od początku rozszerzania diety, zwłaszcza z sezonowymi owocami lub warzywami.

KASZA JAGLANA Z WARZYWAMI

Liczba porcji: 1

Zanim zaczniesz:

Przygotuj sitko i mały garnek z pokrywką.

Wykonanie:

- Wodę wlej do garnka. Wsyp marchewkę i pietruszkę, a następnie zagotuj. Zmniejsz ogień i dodaj suszony tymianek.
- Kaszę wypłucz w gorącej wodzie, wsyp do garnka.
- Gotuj pod przykryciem na bardzo małym ogniu, nie podnosząc pokrywki, przez 25 minut, a następnie odsącz z nadmiaru wody i polej oliwą.

Składniki:

3 łyżki kaszy jaglanej
1 szklanka wody
½ szklanki marchewki pokrojonej w małą kostkę
¼ szklanki pietruszki pokrojonej w małą kostkę
⅓ łyżeczki suszonego tymianku
1 łyżeczka oliwy

Przydatne uwagi:

Możesz dowolnie zmieniać rodzaj warzyw.
Zamień pietruszkę np. na zielony groszek.
Z gorącej kaszy możesz uformować małe kulki, które dziecko chwyci w rączkę.
Dorosłym możesz doprawić kaszę szczyptą soli.

MUFFINKI JAGLANE Z IMBIREM

Liczba sztuk: 12

Zanim zaczniesz:

Kaszę wypłucz na sitku w gorącej wodzie. Obierz imbir i zetrzyj go na drobnych oczkach tarki. Banana rozgnieć widelcem. Przygotuj foremki do muffinek i dwie większe miski.

Wykonanie:

- Zagotuj wodę w garnku. Wsyp kaszę, zmniejsz temperaturę i gotuj pod przykryciem, aż kasza wchłonie całą wodę (ok. 18 minut). Odstaw do wystygnięcia w misce.
- W drugiej misce wymieszaj mąkę, sezam i migdały.
- Do wystudzonej kaszy dodaj jajka, imbir, banana i olej kokosowy. Wymieszaj.
- Połącz składniki z obu misek i dokładnie wymieszaj łyżką.
- Nałóż ciasto do foremek na muffinki do ¾ ich wysokości.
- Piecz w 190°C z termoobiegiem, przez 20 minut, na środkowym poziomie piekarnika.

Składniki:

½ szklanki surowej kaszy jaglanej
1 szklanka wody
1 szklanka mąki pszennej
2 jajka
½ łyżeczki tartego imbiru
1½ banana lub 2 małe
1 łyżka sezamu
¼ szklanki oleju kokosowego lub rzepakowego
1 laska wanilii

opcjonalnie:

1 łyżka sproszkowanych migdałów

Przydatne uwagi:

Świeży imbir możesz zastąpić ½ łyżeczki sproszkowanego.

BUŁKI MAŚLANE Z RODZYNKAMI

Liczba sztuk: 18

Zanim zaczniesz:

Jeśli używasz świeżych drożdży, zrób rozczyn: pokrusz drożdże w rękach i przełóż do kubka, dodaj ¼ szklanki letniego mleka. Wymieszaj dokładnie, tak by drożdże całkiem się rozpuściły. Dodaj 3 łyżki mąki, wymieszaj i przykryj kubek ściereczką. Odstaw w ciepłe miejsce do wyrośnięcia na ok. 30 minut. Odejmij wykorzystaną mąkę, mleko i cukier od składników z przepisu.
Masło rozpuść w garnuszku. Rodzynki drobno posiekaj. Dwie blachy wyłóż papierem do pieczenia.

Wykonanie:

- Do dużej miski dodawaj kolejno: mąkę, drożdże, mleko, cukier, szczyptę soli.
- Wymieszaj całość drewnianą łyżką, pod koniec dodaj rozpuszczone masło. Wyrabiaj ciasto ok. 10 minut.
- Gdy ciasto będzie elastyczne, zwarte i gładkie, dodaj rodzynki. Uformuj kulę i przełóż do miski. Przykryj ścierką i odstaw do wyrośnięcia na ok. 1½ godziny.
- Wyrośnięte ciasto zagnieć kilkukrotnie. Odrywaj niewielkie kawałki i formuj bułeczki. Ułóż je na blaszce w odstępach ok. 5 cm i nakryj ścierką. Pozostaw na 40 minut lub do momentu, aż podwoją objętość.
- Jajko rozbełtaj w miseczce. Przygotowane bułki posmaruj jajkiem za pomocą pędzelka.
- Piecz w piekarniku rozgrzanym do 220°C z termoobiegiem, przez 12 minut (na środkowym poziomie piekarnika).

Składniki:

3½ szklanki mąki orkiszowej
1 szklanka letniego mleka
20 g świeżych drożdży lub 7 g drożdży instant
75 g masła
⅓ szklanki cukru kokosowego
⅓ szklanki rodzynek
1 jajko
szczypta soli

Przydatne uwagi:

Mąkę orkiszową możesz zamienić na pszenną lub wymieszać dwa rodzaje ulubionych mąk.

'SKAWICZNE PIZZERKI

Liczba sztuk: 8

Składniki:

Ciasto:

1 ½ szklanki mąki pszennej
½ szklanki ciepłej wody
1 łyżeczka proszku do pieczenia

Dodatki:

½ szklanki przecieru pomidorowego
1 ząbek czosnku
1 łyżeczka suszonej bazylii
1 łyżeczka suszonego oregano
50 g tartego sera koziego lub mozzarelli
garść rukoli
olej do posmarowania

Zanim zaczniesz:

Wyłóż blaszkę papierem do pieczenia. Przygotuj stolnicę. Nastaw piekarnik na 200°C z termoobiegiem.

Wykonanie:

- Przygotuj nadzienie: Wlej do garnka przecier. Dodaj wyciśnięty przez praskę ząbek czosnku, zioła i wymieszaj. Zagotuj i odstaw do wystygnięcia.
- Przygotuj ciasto. Na stolnicę wysyp mąkę, dodaj proszek do pieczenia i powoli dolewaj wodę, mieszając ręką całość. Wyrabiaj ciasto, aż stanie się elastyczne.
- Podziel ciasto na 8 części. Z każdej uformuj kulkę, którą ukształtuj dłońmi lub rozwałkuj na okrągły placek. Posmaruj sosem, posyp serem.
- Pizzerki ułóż na blaszce w niewielkich odstępach.
- Piecz 10 minut na środkowym poziomie piekarnika. Kontroluj stopień zrumienienia.
- Po wyjęciu z piekarnika posyp listkami rukoli.

Przydatne uwagi:

Zamiast rukoli możesz użyć szynki lub świeżych liści szpinaku.

PASTA DROBIOWO-GRYCZANA

Składniki:

150 g ugotowanego mięsa z kurczaka
4 łyżki ugotowanej kaszy gryczanej
½ czerwonej papryki
¼ cebuli
3 łyżki oleju
szczypta pieprzu

Zanim zaczniesz:

Przygotuj patelnię i blender.

Wykonanie:

- Cebulę obierz. Posiekaj drobno warzywa. Rozgrzej olej na patelni. Przełóż na nią warzywa i podsmaż na małym ogniu, aż zmiękną.
- Przełóż do misy blendera mięso, warzywa wraz z olejem, kaszę i pieprz. Zmiksuj na pastę.
- Pastę przechowuj w słoiku w lodówce do 3 dni.

Przydatne uwagi:

Pastę najwygodniej robić z mięsa, które zostaje po ugotowaniu rosołu czy innej zupy.
Składniki możesz też przepuścić przez maszynkę do mięsa.
Pastą możesz smarować kanapki lub nadziewać nią np. naleśniki.
Wersję dla dorosłych możesz doprawić ostrą papryką.

PASTA RYBNA Z KISZONYM OGÓRKIEM

Zanim zaczniesz:

Przygotuj małą patelnię, mały garnek i tarkę. Słonecznik upraż na suchej patelni, aż zbrązowieje.

Wykonanie:

- Do małego garnka wlej pół szklanki wody. Zagotuj i wsyp 2 łyżki czerwonej soczewicy. Gotuj przez 8–10 minut pod przykryciem na średnim ogniu, aż soczewica zmięknie, a woda odparuje. Ostudź.
- Rybę pozbaw ości, podziel na mniejsze kawałki i skrop sokiem z cytryny.
- Na małej patelni rozgrzej olej i ułóż kawałki ryby. Obsmaż z jednej strony tylko do momentu, aż mięso się zetnie, a następnie przewróć na drugą stronę i duś pod przykryciem na średnim ogniu ok. 5 minut. Ostudź.
- Słonecznik zmiel drobno w blenderze, a następnie dodaj soczewicę i kawałki ryby i ponownie blenduj kilka minut, tak by powstała puszysta, jednolita pasta.
- Ogórek obierz ze skóry i zetrzyj na małych oczkach. Dodaj do pasty i wymieszaj łyżką.
- Odstaw pastę na 20 minut do „przegryzienia".
- Pastę przechowuj w lodówce maksymalnie 3 dni. Podawaj z pieczywem.

Składniki:

100 g filetu bez skóry z dorsza/soli/pstrąga
2 łyżki czerwonej soczewicy
½ szklanki wody
1 łyżka łuskanego słonecznika
1 łyżeczka soku z cytryny
1 łyżka oleju rzepakowego
1 kiszony ogórek

opcjonalnie:

3 gałązki natki pietruszki

Przydatne uwagi:

Kanapkę posyp posiekaną natką pietruszki lub połóż na niej plasterki kolejnego ogórka kiszonego.

WYTRAWNE GRZANKI Z AWOKADO

Liczba porcji: 4

Zanim zaczniesz:

Przekrój awokado na pół, przekręć, rozdziel i wyjmij z jednej połówki miąższ łyżką.
Nastaw piekarnik na 190°C z termoobiegiem. Wyłóż blaszkę papierem do pieczenia. Przygotuj blender.

Wykonanie:

- Do misy blendera przełóż awokado, jajka, ser, koperek, mleko i przyprawy. Zmiksuj.
- Pokrój bagietkę na kromki i każdą maczaj z obu stron w masie.
- Ułóż każdą kromkę na blaszce wyłożonej papierem do pieczenia, posyp szczypiorkiem i serem.
- Piecz grzanki 8–10 minut na środkowym poziomie piekarnika, kontrolując stopień zrumienienia.

Składniki:

1 ½ bagietki
2 jajka
½ awokado
1 łyżka tartego sera żółtego
2 łyżki mleka
1 łyżka posiekanego koperku
szczypta pieprzu

do posypania:

1 łyżka posiekanego szczypiorku
1 łyżka startego sera żółtego

Przydatne uwagi:

Jeśli przygotujesz grzanki bez sera, możesz podać je najmłodszym dzieciom.

FRYTKI Z BATATÓW

Liczba porcji: 3

Zanim zaczniesz:

Blachę wyłóż papierem do pieczenia.

Wykonanie:

- Bataty obierz i pokrój w długie słupki (grubości palca). Posmaruj oliwą wymieszaną z suszoną bazylią i papryką.
- Ułóż na blaszce tak, by kawałki batatów nie nachodziły na siebie. Piecz przez 25–30 minut (do miękkości) w 200°C z termoobiegiem, na środkowym poziomie piekarnika.

Składniki:

2 bataty
⅓ łyżeczki suszonej bazylii
⅓ łyżeczki słodkiej papryki w proszku
3 łyżki oliwy

Przydatne uwagi:

Frytki dobrze komponują się z ketchupem (s. 40).

ZIELONY OMLET

Liczba porcji: 2

Zanim zaczniesz:

Przygotuj małą patelnię.

Wykonanie:

- Liście szpinaku zblenduj. Czosnek przeciśnij przez praskę.
- Rozbij jajka do miseczki, dodaj szpinak, czosnek, twaróg, szczyptę pieprzu i rozbełtaj całość widelcem na jednolitą masę.
- Na małej patelni rozgrzej masło (uważaj, by się nie przypaliło) i wlej masę.
- Smaż na małym ogniu, aż omlet od spodu się zetnie, a następnie odwróć go na drugą stronę i smaż jeszcze przez około minutę.
- Gotowy omlet posyp pokrojoną w kostkę żółtą papryką.

Składniki:

2 jajka
1 garść liści szpinaku
1 mały ząbek czosnku
1 łyżka twarogu półtłustego
1 łyżeczka masła
szczypta pieprzu

opcjonalnie:

⅓ żółtej papryki

Przydatne uwagi:

Omlet możesz przełożyć na drugą stronę przy pomocy talerza. Przykryj patelnię talerzem i odwróć ją, a następnie zsuń omlet z powrotem na patelnię.
Maluszkom omlet możesz pokroić w grube paski.
Wersję dla dorosłych możesz doprawić solą.

GOFRY Z CUKINII

Liczba sztuk: 6

Zanim zaczniesz:

Umyj cukinię i obierz ze skórki. Oddziel żółtko od białka. Przygotuj miskę i tarkę. Włącz gofrownicę, by się nagrzała, posmaruj ją olejem.

Wykonanie:

- Zetrzyj cukinię na grubych oczkach. Dodaj do niej mleko, żółtko, mąkę, proszek do pieczenia, olej, koperek, oregano, przeciśnięty przez praskę czosnek oraz ser. Zamieszaj łyżką.
- Ubij białko na sztywną pianę, dodaj do masy i delikatnie wymieszaj łyżką.
- Nałóż ciasto na rozgrzaną gofrownicę i piecz gofry zgodnie z zaleceniami producenta.

Składniki:

1 średnia cukinia (około 150 g)
1 szklanka mąki pszennej
½ łyżeczki proszku do pieczenia
½ szklanki mleka
1 jajko
1 ząbek czosnku
1 łyżka suszonego oregano
1 łyżka posiekanego koperku
3 łyżki oleju rzepakowego plus do posmarowania gofrownicy

opcjonalnie:

3 łyżki startej mozzarelli

Przydatne uwagi:

Bardzo ważne jest, by rozpoczynać pieczenie gofrów, gdy gofrownica jest mocno rozgrzana, i by nie otwierać jej podczas pieczenia.
Gofry możesz zjeść same lub mogą zastąpić chleb w kanapce.
Jeśli cukinia jest młoda, nie musisz obierać jej ze skórki.
W wersji dla dorosłych możesz doprawić ciasto solą i pieprzem.

GOFRY Z KASZY MANNY

Liczba sztuk: 6

Zanim zaczniesz:

Przygotuj średniej wielkości miskę. Kaszę zalej zimnym mlekiem i odstaw na 10 minut. Roztop masło i ostudź. Banana rozgnieć widelcem. Włącz gofrownicę, by się nagrzała, posmaruj ją olejem.

Wykonanie:

- Oddziel żółtko od białka. Białko ubij na pianę, a żółtko dodaj do napęczniałej mlekiem kaszy, wraz z bananem, masłem i mąką. Rozetnij wzdłuż laskę wanilii i zeskrob ziarenka. Dodaj je do masy i wymieszaj wszystko za pomocą łyżki.
- Dodaj pianę z białek i delikatnie wymieszaj łyżką.
- Nakładaj ciasto na rozgrzaną gofrownicę i piecz gofry zgodnie z zaleceniami producenta.

Składniki:

1 szklanka kaszy manny
1 szklanka mleka
2 łyżki mąki orkiszowej lub pszennej
1 jajko
½ łyżeczki proszku do pieczenia
25 g masła lub oleju kokosowego
1 banan
1 laska wanilii
olej rzepakowy do posmarowania gofrownicy

Przydatne uwagi:

Bardzo ważne jest, by rozpoczynać pieczenie gofrów, gdy gofrownica jest mocno rozgrzana, i aby nie otwierać jej podczas pieczenia.
Gofry możesz podać z sezonowymi owocami lub ubitym mlekiem kokosowym.

SZPINAKOWE GOFRY Z KASZĄ GRYCZANĄ

Liczba sztuk: 6

Zanim zaczniesz:

Umyj szpinak i drobno posiekaj. Oddziel żółtko od białka. Przygotuj miskę. Włącz gofrownicę, by się nagrzała, posmaruj ją olejem.

Wykonanie:

- Przełóż kaszę do miski. Dodaj do niej mleko, mąkę, proszek do pieczenia, żółtko, olej, szpinak, mozzarellę i sok z cytryny. Wymieszaj łyżką.
- Ubij białko na sztywną pianę, dodaj do masy i delikatnie wymieszaj wszystko łyżką.
- Nałóż ciasto na rozgrzaną gofrownicę i piecz gofry zgodnie z zaleceniami producenta.

Składniki:

4 łyżki ugotowanej prażonej kaszy gryczanej
5 łyżek mąki pszennej
½ szklanki mleka
1 jajko
1 łyżka oleju rzepakowego plus do posmarowania gofrownicy
1 garść świeżego szpinaku
½ łyżeczki proszku do pieczenia
kilka kropel soku z cytryny

opcjonalnie:

3 łyżki tartej mozzarelli

Przydatne uwagi:

Bardzo ważne jest, by rozpoczynać pieczenie gofrów, gdy gofrownica jest bardzo rozgrzana, i by nie otwierać jej podczas pieczenia.
Gofry możesz zjeść same lub mogą zastąpić chleb w kanapce. Możesz doprawić ciasto solą i pieprzem.

NALEŚNIKI SZPINAKOWE

Liczba sztuk: 8

Zanim zaczniesz:

Szpinak chwilę podduś na łyżeczce masła wraz z przeciśniętym przez praskę czosnkiem i sokiem z cytryny. Posiekaj go drobno lub zblenduj. Wystudź. Jeśli puścił za dużo soku – odcedź.

Wykonanie:

- Wlej mleko do wysokiej miski, dodaj mąkę, jajko i olej. Zmiksuj.
- Dodaj wystudzony szpinak i wymieszaj. Odstaw ciasto na 30 minut.
- Rozgrzej patelnię posmarowaną olejem i smaż naleśniki z obu stron do zrumienienia.

Składniki:

1½ szklanki mleka
1 szklanka mąki
1 jajko
100 g świeżego szpinaku
1–2 ząbki czosnku
szczypta pieprzu
kilka kropel soku z cytryny
1 łyżeczka masła
1 łyżka oleju rzepakowego

Przydatne uwagi:

Naleśniki doskonale smakują same, ale możesz je podać np. z nadzieniem z drobiu lub z twarogiem. Wersję dla dorosłych możesz doprawić solą.

PLACKI TWAROGOWE Z KASZY MANNY

Liczba sztuk: 12

Zanim zaczniesz:

Zalej kaszę zimnym mlekiem i odstaw na 20 minut. Posiekaj szczypiorek.

Wykonanie:

- Oddziel żółtko od białka. Rozgnieć twaróg widelcem i dodaj wraz z żółtkiem do namoczonej kaszy. Wymieszaj.
- Ubij białko na sztywną pianę. Dodaj do masy wraz ze szczypiorkiem i przyprawami i delikatnie wymieszaj łyżką.
- Smaż placki z obu stron do zrumienienia na patelni posmarowanej olejem.

Składniki:

1 szklanka kaszy manny (np. błyskawicznej)
1 szklanka mleka
1 jajko
100 g twarogu półtłustego lub tłustego
mały pęczek szczypiorku
szczypta pieprzu
szczypta gałki muszkatołowej
olej rzepakowy do posmarowania patelni

Przydatne uwagi:

Etap namaczania kaszy w mleku jest istotny w przepisie, nie pomijaj go.
Dorosłym możesz doprawić ciasto na placki pieprzem kajeńskim i solą.

RYŻ ZAPIEKANY W SOSIE Z SOCZEWICY I POMIDORÓW

Liczba porcji: 4

Zanim zaczniesz:

Przesyp ryż na sitko i wypłucz pod bieżącą, zimną wodą. W podobny sposób wypłucz soczewicę. Przygotuj naczynie żaroodporne i małą patelnię.

Wykonanie:

- W garnku zagotuj 2 szklanki wody, a następnie wsyp wypłukany ryż i ugotuj go pod przykryciem na małym ogniu do miękkości (ok. 20 minut).
- W drugim garnku zagotuj 1 szklankę wody, a następnie wsyp wypłukaną soczewicę i gotuj pod przykryciem na najmniejszym ogniu, aż soczewica wchłonie cały płyn (ok. 18 minut).
- Cebulę pokrój w drobną kostkę. Zeszklij na patelni na oleju i ostudź.
- Przecier przelej do miski. Dodaj soczewicę, cebulę, zioła, wyciśnięty przez praskę czosnek, parmezan i wszystko wymieszaj.
- Naczynie żaroodporne posmaruj olejem. Wyłóż na nie ugotowany ryż i polej go przygotowanym sosem pomidorowym. Zapiekaj na środkowym poziomie piekarnika w 180°C z termoobiegiem przez 20 minut.

Składniki:

1 szklanka ryżu
½ szklanki czerwonej soczewicy
3 szklanki wody
¾ szklanki przecieru pomidorowego
½ cebuli
2 ząbki czosnku
½ szklanki tartego parmezanu
2 łyżeczki suszonego oregano
1 łyżeczka suszonej bazylii
1 łyżka oleju rzepakowego

Przydatne uwagi:

Możesz użyć innego gatunku soczewicy, np. zielonej.
Aby urozmaicić zapiekankę, możesz dodać czerwoną paprykę lub podsmażone kawałki piersi z kurczaka.
Aby zaostrzyć smak w wersji dla dorosłych, pokrój drobno papryczkę chili, zeszklij ją wraz z cebulą i dodaj do potrawy.
Danie możesz doprawić solą i pieprzem.

ZAPIEKANKA ZIEMNIACZANA W SOSIE SEROWYM

Liczba porcji: 6

Zanim zaczniesz:

Przygotuj duże, wysokie naczynie żaroodporne. Ziemniaki obierz i pokrój w talarki o grubości 1 ½ cm. Gotuj w wodzie przez 10 minut, a następnie odcedź.

Wykonanie:

- Brokuł podziel na mniejsze różyczki, przełóż do garnka, zalej wodą, ugotuj al dente (ok. 4 minut).
- Cebulę obierz i pokrój w małą kostkę. Wędlinę pokrój w małą kostkę. Na patelni rozgrzej olej i podsmaż cebulę z wędliną, mieszając, przez ok. 3 minut.
- Przygotuj sos beszamelowy (s. 102). Pod koniec gotowania dodaj starty żółty ser. Gotuj do momentu, aż ser się rozpuści. Zdejmij z palnika.
- Na dno naczynia żaroodpornego układaj warstwami nachodzące na siebie plasterki ziemniaków, posyp je 1 łyżeczką słodkiej papryki i 1 łyżeczką tymianku, a na to połóż wędlinę z cebulą.
- Czynność powtórz.
- Przykryj zapiekankę różyczkami brokułu, zalej sosem serowym. Posyp startym żółtym serem, 1 łyżeczką słodkiej papryki i 1 łyżeczką tymianku.
- Nastaw piekarnik na 180°C z termoobiegiem. Wstaw naczynie na środkowy poziom piekarnika. Piecz 30 minut.

Składniki:

1 ½ kg ziemniaków
500 g wędliny wieprzowej (np. szynki)
1 duży brokuł
2 cebule
70 g startego żółtego sera
3 łyżeczki słodkiej papryki w proszku
3 łyżeczki suszonego tymianku
2 łyżki oleju rzepakowego
sos beszamelowy (s. 102) plus 80 g startego żółtego sera

Przydatne uwagi:

Naczynie żaroodporne przed pieczeniem wysmaruj masłem i posyp bułką tartą. Dzięki temu zapiekanka nie będzie przywierać do ścianek naczynia. W wersji dla dorosłych możesz doprawić zapiekankę solą.

MAKARON Z SOSEM WARZYWNYM

Liczba porcji: 3

Zanim zaczniesz:

Przygotuj dużą patelnię z pokrywką i tarkę.
Obierz warzywa.

Wykonanie:

- Marchew, pietruszkę, seler zetrzyj na grubych oczkach tarki. Por pokrój w talarki. Cebulę drobno posiekaj. Pomidory pokrój w kostkę.
- Na głębokiej patelni rozgrzej olej, dodaj starte warzywa, cebulę, por. Ciągle mieszając, smaż warzywa przez 4–5 minut, a następnie dodaj pomidory, zioła, paprykę, pieprz.
- Wymieszaj dokładnie i przykryj. Duś sos przez 15 minut na małym ogniu, co jakiś czas mieszając.
- Zdejmij patelnię z palnika i zblenduj sos do konsystencji papki lub grudek w zależności od własnych preferencji. Podawaj z ugotowanym makaronem.

Składniki:

1 marchewka
1 pietruszka
1 cebula
1 mały por
½ małego selera
4 pomidory bez skóry
½ łyżeczki słodkiej papryki w proszku
½ łyżeczki ziół prowansalskich
3 łyżki oleju rzepakowego
szczypta pieprzu
300 g makaronu, np. kolanka

Przydatne uwagi:

Jeśli sos jest zbyt gęsty, dodaj odrobinę wody, jeśli za rzadki, gotuj go jeszcze kilka minut bez przykrycia tak, by nadmiar wody wyparował.
Dorosłym sos możesz doprawić solą.

Rozdział 6

Napoje

WYPIĆ COŚ SMACZNEGO

AlaAntkowe BLW rekomenduje picie wody. To podstawa prawidłowego trawienia, odpowiedniego nawadniania organizmu, ale też najdoskonalsza forma gaszenia pragnienia. Dlatego pamiętajcie, żeby przy każdym posiłku proponować dziecku wodę. Każdy niemowlak od początku rozszerzania diety do 12. miesiąca powinien pić tylko mleko i wodę źródlaną. Starszakom można urozmaicać dietę innymi wartościowymi napojami. Podczas choroby wzmacniamy organizm herbatą ziołową, gdy jest zimno, rozgrzewamy się kakao, a czasem, w ramach podwieczorku, miksujemy szybki koktajl. Takie właśnie płynne smakołyki znajdziecie w tym rozdziale.

HERBATKA NA PRZEZIĘBIENIE

Liczba porcji: 1

Wykonanie:

- Do szklanki wsyp suszony tymianek, majeranek, goździk. Wodę zagotuj i wlej do szklanki. Parz zioła przez 10 minut, a następnie odcedź.
- Dodaj miód i sok z bzu, wymieszaj.

Składniki:

¾ szklanki wody
⅓ łyżeczki suszonego tymianku
⅓ łyżeczki suszonego majeranku
1 płaska łyżeczka miodu
2 łyżeczki soku z czarnego bzu

opcjonalnie:

1 goździk

Przydatne uwagi:

Podawaj jeszcze ciepły napój.
Pamiętaj, by nigdy nie dodawać miodu do gorącego płynu. Traci wtedy swoje dobroczynne właściwości.

ROZGRZEWAJĄCA HERBATA ROOIBOS

Liczba porcji: 4

Zanim zaczniesz:

Zagotuj wodę. Pomarańczę i cytrynę umyj dokładnie i sparz. Nie obieraj. Przygotuj żaroodporny dzbanek.

Wykonanie:

- Wsyp herbatę do dzbanka i zalej gorącą wodą. Odstaw na 5 minut, po czym odcedź.
- Do herbaty dodaj goździki, cynamon, imbir i cytrusy. Odstaw ją na 10 minut, by przestygła.
- Osłodź herbatę miodem i przez sitko przelewaj do kubeczków.

Składniki:

2 łyżeczki liści herbaty Rooibos
1 l wody
2 goździki
2 plastry pomarańczy
1 plasterek cytryny
2 plasterki imbiru
szczypta cynamonu
1 łyżka miodu

Przydatne uwagi:

Pamiętaj, by ostudzić herbatę przed dodaniem do niej miodu.

DOMOWE KAKAO

Liczba porcji: 3

Zanim zaczniesz:

Daktyle drobno posiekaj. Płatki migdałowe zmiel na mąkę.

Wykonanie:

- Posiekane daktyle zalej 6 łyżkami gorącej wody i odstaw na 5 minut. Zblenduj razem z wodą na gładki krem.
- Dodaj zmielone migdały, kakao i 2 łyżki gorącej wody. Całość dokładnie wymieszaj.
- Podgrzej mleko. Rozdziel mieszankę na 2 lub 3 porcje (kubki) i każdą zalej gorącym mlekiem, równocześnie mieszając. Podawaj na ciepło lub na zimno.

Składniki:

4 suszone daktyle
8 łyżek gorącej wody
1 kopiasta łyżeczka naturalnego kakao
2 łyżki płatków migdałowych
2½ szklanki mleka

Przydatne uwagi:

Jeśli chcesz, by napój był aksamitnie gładki, gotowe kakao przelej przez drobne sitko.
Kakao możesz zastąpić karobem w tych samych proporcjach.
W przypadku alergii na gluten upewnij się, że kupne kakao jest bezglutenowe.

MLEKO CZEKOLADOWE

Liczba porcji: 2

Zanim zaczniesz:

Przygotuj mały garnek. Czekoladę podziel na mniejsze kawałki.

Składniki:

60 g czekolady o zawartości kakao co najmniej 70%
2 szklanki mleka

opcjonalnie:

1 łyżeczka syropu daktylowego lub miodu

Wykonanie:

- Do garnka wlej ¼ szklanki mleka i na małym ogniu doprowadź do wrzenia.
- Do mleka dodaj czekoladę i mieszając, poczekaj, aż całkowicie się rozpuści.
- Wlej do garnka pozostałą część mleka i wybrane słodziwo. Zamieszaj, doprowadź do wrzenia i zdejmij z palnika.
- Ostudź lub podawaj na ciepło.

Przydatne uwagi:

Napój jest wystarczająco słodki, dlatego spróbuj go najpierw, zanim dosłodzisz.
Pamiętaj, by nigdy nie dodawać miodu do gorącego napoju. Traci wtedy swoje właściwości.
Nie podawaj miodu dziecku poniżej 1. roku życia.
Jeśli przygotowujesz napój dla dorosłych, dodaj 20 g czekolady i szczyptę chili.
W przypadku alergii na gluten lub/i laktozę sprawdź skład czekolady.

OWOCOWE WODY SMAKOWE

Liczba porcji: 6

Zanim zaczniesz:

Przygotuj wysoki dzbanek.

Wykonanie:

- Wybierz, którą wodę smakową chcesz przygotować.
- Umyj dokładnie wybrane owoce, warzywa i zioła: cytrusy i ogórka wyszoruj szczoteczką, sparz wrzątkiem i pokrój w talarki. Arbuza obierz ze skóry i pokrój na małe kawałki. Duże truskawki pokrój na mniejsze części. Zioła porwij.
- Przełóż do wysokiego dzbanka wszystkie składniki, zalej wodą źródlaną, wymieszaj i odstaw (najlepiej do lodówki) na min. 1 godzinę.

Przydatne uwagi:

Wody smakowe możesz przygotować na bazie innych sezonowych owoców, np. wiśni, borówek, jagód, melona itp. Ciekawe połączenie smaków uzyskasz również, dodając do wody rozmaryn.
Przechowuj nie dłużej niż 12 godzin.

Składniki:

Woda arbuzowa:

duży kawałek arbuza
½ szklanki malin
ok. 10 listków mięty
1 ½ l wody źródlanej

Woda pomarańczowa:

1 mała pomarańcza
½ cytryny
plasterek imbiru
ok. 10 listków melisy
1 ½ l wody źródlanej

Woda truskawkowa:

1 szklanka truskawek
1 mały zielony ogórek (gruntowy)
12 listków bazylii
1 ½ l wody źródlanej

SŁODKI KOKTAJL Z MANGO

Liczba porcji: 3

Zanim zaczniesz:

Przygotuj blender kielichowy.

Wykonanie:

- Mango i pomarańczę obierz i pokrój na kawałki.
- Do kielicha blendera wlej mleko. Wsyp pokrojone owoce oraz kurkumę.
- Blenduj przez 2–3 minuty. Przelej koktajl do szklanek.

Składniki:

1 dojrzałe mango
1 pomarańcza
½ szklanki mleka

opcjonalnie:

⅓ łyżeczki kurkumy

Przydatne uwagi:

Taki koktajl możesz przelać do pojemników na lody i zamrozić jak inne sorbety. Zamiast kurkumy możesz dodać kilka liści świeżego szpinaku lub 2 gałązki natki pietruszki.

KOKTAJL BANANOWO--TRUSKAWKOWY

Liczba porcji: 5

Zanim zaczniesz:

Przygotuj blender kielichowy.

Wykonanie:

- Banana obierz i pokrój na kawałki. Truskawki pozbaw szypułek.
- Do kielicha blendera wlej mleko, miód, włóż banana, truskawki i wsyp płatki migdałowe.
- Blenduj przez 2–3 minuty. Przelej koktajl do szklanek.

Składniki:

3 szklanki mleka
2 szklanki truskawek
1 duży, dojrzały banan
2 łyżki płatków migdałowych

opcjonalnie:

2 łyżki miodu

ZIELONY KOKTAJL

Liczba porcji: 2

Zanim zaczniesz:

Przygotuj blender kielichowy.

Wykonanie:

- Jabłka obierz, usuń gniazda nasienne i pokrój na kawałki.
- Do kielicha blendera wlej wodę i sok z cytryny. Wsyp szpinak, jabłka, rodzynki.
- Blenduj przez 2–3 minuty. Przelej koktajl do szklanek.

Składniki:

2 małe garści świeżego szpinaku
2 duże, słodkie jabłka
4 łyżki soku z cytryny
½ szklanki wody
1 łyżka rodzynek

Przydatne uwagi:

Aby koktajl był bardzo słodki, dodaj mniej szpinaku lub więcej rodzynek.

Rozdział 7

Jadłospisy

UKŁADANIE MENU

Jak zaplanować jadłospis na cały tydzień? Po prostu – spiszcie wszystkie swoje ulubione dania, a potem wybierzcie 7 na kolejne dni tygodnia. Pamiętajcie, by uwzględnić piramidę żywieniową. W tym rozdziale nie rozpiszemy jadłospisu na cały tydzień, chcemy Was po prostu zainspirować. Znajdziecie tu aż 8 propozycji na różne sytuacje, okazje, pory roku. Podpowiadamy, co jeść, rozpoczynając rozszerzanie diety dziecka, jadąc na piknik, podczas mrozu czy w upale. Pomoże to Wam w komponowaniu kolejnych jadłospisów dla swojego dziecka i całej rodziny.

NA LATO

**Pamiętaj, by w upalne dni częściej niż zwykle proponować dziecku wodę do picia, również między posiłkami.
Uszanuj, gdy dziecko odmawia posiłku – w gorące dni apetyt jest zdecydowanie mniejszy.**

Śniadanie
Domowe crunchy (s. 14) z jogurtem naturalnym i owocami
Bobasom, które nie pogryzą crunchy, można je wymienić na ugotowane płatki owsiane lub ekspandowane zboża, np. amarantus czy pszenicę.

Zupa
Zupa ze świeżych ogórków (s. 52)

Drugie danie
Migdałowe naleśniki z sosem truskawkowym (s. 64)

Podwieczorek
Sorbet truskawkowy z bazylią (s. 142); owoc, np. arbuz

Kolacja
Kanapki z pastą marchewkową (s. 26)

NA ZIMĘ

Pamiętaj, że w chłodny dzień bardzo ważne jest ciepłe, pożywne śniadanie. Podając dziecku ciepłe napoje po mroźnym spacerze, pomożesz mu się rozgrzać.

Śniadanie
Zimowa jaglanka (s. 30)

Zupa
Zupa krem z ciecierzycy (s. 54)

Drugie danie
Gulasz tradycyjny (s. 94) lub drobiowy (s. 87) z kaszą jęczmienną i sałatką z buraka (s. 98)

Podwieczorek
Zimowe ciasteczka (s. 115) + domowe kakao (s. 178) lub mleko czekoladowe (s. 180)

Kolacja
Zielony omlet (s. 161)

NA PIERWSZE TYGODNIE BLW

Pierwsze tygodnie rozszerzania diety to degustacja i zabawa. Królują przede wszystkim gotowane warzywa, kasze, owoce. Ważne jest, by podawać produkty o odpowiedniej konsystencji – takiej, z którą rozprawi się maluszek. Próby jedzenia mogą odbywać się podczas każdego posiłku lub też np. tylko podczas śniadania i obiadu. Dziecko może coś zjeść, ale nie musi. Pamiętaj, by przy wspólnym posiłku na Waszych talerzach znajdowały się potrawy, po które może sięgnąć dziecko.

Śniadanie
Omlet z awokado (s. 32)

Zupa
Zupa marchewkowa (s. 56)
Zupę nalej do kubka i trzymaj go razem z dzieckiem podczas prób picia.

Drugie danie
Gotowane pulpeciki z kurczaka (s. 91)

Podwieczorek
Owoc, np. gruszka, arbuz, melon

Kolacja
Bananowy budyń z komosy (s. 145)

NA PRZEZIĘBIENIE

Pamiętaj, że przeziębione dziecko może nie mieć apetytu lub jeść o wiele mniejsze porcje niż zazwyczaj. Zapewnij mu tego dnia posiłek bogaty w wartości, które pomogą mu wyzdrowieć, ale też taki, który nie nastręczy mu trudności podczas spożywania, np. nie będzie podrażniał bolącego gardła.

Śniadanie
Jaglanka na przeziębienie (s. 25)

Zupa
Rosół na prażonych warzywach (s. 58) + lane kluseczki (s. 60) / Zupa czosnkowa (s. 45)

Drugie danie
Delikatne kuleczki marchewkowe z dorszem (s. 82)

Podwieczorek
Muffiny kokosowo-amarantusowe (s. 120) + herbatka na przeziębienie (s. 175)

Kolacja
Kasza jaglana z warzywami (s. 150)

NA WEEKEND

W dni wolne od pracy możemy pozwolić sobie na dłuższe spędzanie czasu w kuchni. Dania, które proponujemy, można wykonać również ze starszym dzieckiem, to dobra opcja na spędzenie razem czasu i zabawę.

Śniadanie
Ekspresowe bułeczki (s. 20) z serkiem topionym (s. 28)
Dobrze jest, jeśli na śniadaniowym stole zawsze znajdują się również świeże warzywa, np. ogórki, pomidory i kolorowa papryka, by każdy domownik mógł wybrać coś dla siebie i zjeść razem z bułką.

Zupa
Zupa krem z pora (s. 44) / Rosół na prażonych warzywach (s. 58)

Drugie danie
Kurczak we włoskich smakach (s. 90) + ziemniaki i pomidory z bazylią

Podwieczorek
Prosta tarta z kremem mascarpone i owocami (s. 124)

Kolacja
Słodka komosa (s. 149)

NA PIKNIK

Podczas pikniku czy wycieczki przyda się zestaw dań „mało brudzących" i takich, które równie dobrze smakują na zimno.
Jeśli wybierasz się na piknik i na dworze jest bardzo wysoka temperatura, odpowiednio zabezpiecz prowiant, wkładając go np. do przenośnej lodówki.

Śniadanie
Bułki maślane z rodzynkami (s. 153) z masłem orzechowo-migdałowym (s. 22)

Zupa
Zielony koktajl (s. 184)
Możesz go przygotować dzień wcześniej i przechować w lodówce.

Drugie danie
Bardzo warzywne placki (s. 68)
Smakują znakomicie na ciepło i na zimno.

Podwieczorek
Kruche ciasteczka owsiane (s. 114) + owoce sezonowe

Kolacja
Błyskawiczne pizzerki (s. 154)

WEGETARIAŃSKI

Zestaw dla wszystkich, którzy nie jadają mięsa.

Śniadanie
Komosa à la szarlotka (s. 31)

Zupa
Zupa batatowa z masłem orzechowym i grzankami (s. 53)

Drugie danie
Makaron ze szpinakowym pesto (s. 74)

Podwieczorek
Daktylowy pudding (s. 136)

Kolacja
Kanapka z pastą z ciecierzycy (s. 19)

NA BRAK CZASU

Zapracowani rodzice często nie mają w ciągu tygodnia czasu na długie gotowanie skomplikowanych dań. Ten jadłospis zawiera przykłady pożywnych dań, których przygotowanie nie zajmie więcej niż 15–30 minut. Pamiętaj, że szybko wcale nie znaczy mniej smacznie czy mniej zdrowo. Dostosuj menu do swojego trybu życia i potrzeb dziecka.

Śniadanie
Jajecznica z trzema serami (s. 35)

Zupa
Zupa kukurydziana (s. 50) /
Krem koperkowy (s. 46)
Jeśli nie masz bulionu warzywnego, zupę możesz ugotować na wodzie lub zamiast zupy podać dziecku przekąskę, np. surowe warzywa (papryka, marchew, rzodkiewki) i suszone owoce.

Drugie danie
Spaghetti z oliwą czosnkową (s. 73)

Podwieczorek
Koktajl owocowy, np. z mango (s. 182)
Koktajle są sycące i bardzo pożywne, zawierają błonnik, który pomaga w trawieniu, warto je pić w połączeniu z ziołami, np. natką pietruszki.

Kolacja
Frytki z batatów (s. 160)
lub gofry z kaszy manny (s. 164)

INDEKS